中华优秀传统文化在现代管理中的创造性转化与创新性发展工程
"中华优秀传统文化与现代管理融合"丛书

# 和合管理
## 基于中华和合文化智慧的现代管理

张卫东 著

企业管理出版社
ENTERPRISE MANAGEMENT PUBLISHING HOUSE

图书在版编目（CIP）数据

和合管理：基于中华和合文化智慧的现代管理 / 张卫东著. -- 北京：企业管理出版社, 2024. 12. （"中华优秀传统文化与现代管理融合"丛书）. -- ISBN 978-7-5164-3209-9

Ⅰ. F279.23

中国国家版本馆CIP数据核字第20253FN894号

| 书　　名 | 和合管理——基于中华和合文化智慧的现代管理 |
|---|---|
| 书　　号 | ISBN 978-7-5164-3209-9 |
| 作　　者 | 张卫东 |
| 责任编辑 | 赵喜勤 |
| 特约设计 | 李晶晶 |
| 出版发行 | 企业管理出版社 |
| 经　　销 | 新华书店 |
| 地　　址 | 北京市海淀区紫竹院南路17号　邮　　编：100048 |
| 网　　址 | http://www.emph.cn　电子信箱：1502219688@qq.com |
| 电　　话 | 编辑部（010）68456991　发行部（010）68417763　68414644 |
| 印　　刷 | 北京联兴盛业印刷股份有限公司 |
| 版　　次 | 2025年1月第1版 |
| 印　　次 | 2025年1月第1次印刷 |
| 开　　本 | 710mm×1000mm　1/16 |
| 印　　张 | 17.25 |
| 字　　数 | 214千字 |
| 定　　价 | 98.00元 |

版权所有　翻印必究·印装有误　负责调换

# 编 委 会

**主　任:** 朱宏任　中国企业联合会、中国企业家协会党委书记、常务副会长兼秘书长

**副主任:** 刘　鹏　中国企业联合会、中国企业家协会党委委员、副秘书长
　　　　　孙庆生　《企业家》杂志主编

**委　员:**（按姓氏笔画排序）
　　　　　丁荣贵　山东大学管理学院院长，国际项目管理协会副主席
　　　　　马文军　山东女子学院工商管理学院教授
　　　　　马德卫　山东国程置业有限公司董事长
　　　　　王　伟　华北电力大学马克思主义学院院长、教授
　　　　　王　庆　天津商业大学管理学院院长、教授
　　　　　王文彬　中共团风县委平安办副主任
　　　　　王心娟　山东理工大学管理学院教授
　　　　　王仕斌　企业管理出版社副社长
　　　　　王西胜　广东省蓝态幸福文化公益基金会学术委员会委员，菏泽市第十五届政协委员
　　　　　王茂兴　寿光市政协原主席、关工委主任
　　　　　王学秀　南开大学商学院现代管理研究所副所长
　　　　　王建军　中国企业联合会企业文化工作部主任
　　　　　王建斌　西安建正置业有限公司总经理
　　　　　王俊清　大连理工大学财务部长
　　　　　王新刚　中南财经政法大学工商管理学院教授
　　　　　毛先华　江西大有科技有限公司创始人
　　　　　方　军　安徽财经大学文学院院长、教授
　　　　　邓汉成　万载诚济医院董事长兼院长

| | |
|---|---|
| 冯彦明 | 中央民族大学经济学院教授 |
| 巩见刚 | 大连理工大学公共管理学院副教授 |
| 毕建欣 | 宁波财经学院金融与信息学院金融工程系主任 |
| 吕　力 | 扬州大学商学院教授，扬州大学新工商文明与中国传统文化研究中心主任 |
| 刘文锦 | 宁夏民生房地产开发有限公司董事长 |
| 刘鹏凯 | 江苏黑松林粘合剂厂有限公司董事长 |
| 齐善鸿 | 南开大学商学院教授 |
| 江端预 | 株洲千金药业股份有限公司原党委书记、董事长 |
| 严家明 | 中国商业文化研究会范蠡文化研究分会执行会长兼秘书长 |
| 苏　勇 | 复旦大学管理学院教授，复旦大学东方管理研究院创始院长 |
| 李小虎 | 佛山市法萨建材有限公司董事长 |
| 李文明 | 江西财经大学工商管理学院教授 |
| 李景春 | 山西天元集团创始人 |
| 李曦辉 | 中央民族大学管理学院教授 |
| 吴通福 | 江西财经大学中国管理思想研究院教授 |
| 吴照云 | 江西财经大学原副校长、教授 |
| 吴满辉 | 广东鑫风风机有限公司董事长 |
| 余来明 | 武汉大学中国传统文化研究中心副主任 |
| 辛　杰 | 山东大学管理学院教授 |
| 张　华 | 广东省蓝态幸福文化公益基金会理事长 |
| 张卫东 | 太原学院管理系主任、教授 |
| 张正明 | 广州市伟正金属构件有限公司董事长 |
| 张守刚 | 江西财经大学工商管理学院市场营销系副主任 |
| 陈　中 | 扬州大学商学院副教授 |
| 陈　静 | 企业管理出版社社长兼总编辑 |
| 陈晓霞 | 孟子研究院党委书记、院长、研究员 |
| 范立方 | 广东省蓝态幸福文化公益基金会秘书长 |

| 范希春 | 中国商业文化研究会中华优秀传统文化传承发展分会专家委员会专家 |
|---|---|
| 林　嵩 | 中央财经大学商学院院长、教授 |
| 罗　敏 | 英德华粤艺术学校校长 |
| 周卫中 | 中央财经大学中国企业研究中心主任、商学院教授 |
| 周文生 | 范蠡文化研究（中国）联会秘书长，苏州干部学院特聘教授 |
| 郑俊飞 | 广州穗华口腔医院总裁 |
| 郑济洲 | 福建省委党校科学社会主义与政治学教研部副主任 |
| 赵德存 | 山东鲁泰建材科技集团有限公司党委书记、董事长 |
| 胡国栋 | 东北财经大学工商管理学院教授，中国管理思想研究院院长 |
| 胡海波 | 江西财经大学工商管理学院院长、教授 |
| 战　伟 | 广州叁谷文化传媒有限公司 CEO |
| 钟　尉 | 江西财经大学工商管理学院讲师、系支部书记 |
| 宫玉振 | 北京大学国家发展研究院发树讲席教授、BiMBA 商学院副院长兼 EMBA 学术主任 |
| 姚咏梅 | 《企业家》杂志社企业文化研究中心主任 |
| 莫林虎 | 中央财经大学文化与传媒学院学术委员会副主任、教授 |
| 贾旭东 | 兰州大学管理学院教授，"中国管理 50 人"成员 |
| 贾利军 | 华东师范大学经济与管理学院教授 |
| 晁　罡 | 华南理工大学工商管理学院教授、CSR 研究中心主任 |
| 倪　春 | 江苏先锋党建研究院院长 |
| 徐立国 | 西安交通大学管理学院副教授 |
| 殷　雄 | 中国广核集团专职董事 |
| 凌　琳 | 广州德生智能信息技术有限公司总经理 |
| 郭　毅 | 华东理工大学商学院教授 |
| 郭国庆 | 中国人民大学商学院教授，中国人民大学中国市场营销研究中心主任 |

| | |
|---|---|
| 唐少清 | 北京联合大学管理学院教授，中国商业文化研究会企业创新文化分会会长 |
| 唐旭诚 | 嘉兴市新儒商企业创新与发展研究院理事长、执行院长 |
| 黄金枝 | 哈尔滨工程大学经济管理学院副教授 |
| 黄海啸 | 山东大学经济学院副教授，山东大学教育强国研究中心主任 |
| 曹振杰 | 温州商学院副教授 |
| 雪　漠 | 甘肃省作家协会副主席 |
| 阎继红 | 山西省老字号协会会长，太原六味斋实业有限公司董事长 |
| 梁　刚 | 北京邮电大学数字媒体与设计艺术学院副教授 |
| 程少川 | 西安交通大学管理学院副教授 |
| 谢佩洪 | 上海对外经贸大学学位评定委员会副主席，南泰品牌发展研究院首任执行院长、教授 |
| 谢泽辉 | 广东铁杆中医健康管理有限公司总裁 |
| 谢振芳 | 太原城市职业技术学院教授 |
| 蔡长运 | 福建林业技术学院教师，高级工程师 |
| 黎红雷 | 中山大学教授，全国新儒商团体联席会议秘书长 |
| 颜世富 | 上海交通大学东方管理研究中心主任 |

**总编辑：** 陈　静
**副总编：** 王仕斌
**编　辑：**（按姓氏笔画排序）
　　于湘怡　尤　颖　田　天　耳海燕　刘玉双　李雪松　杨慧芳
　　宋可力　张　丽　张　羿　张宝珠　陈　戈　赵喜勤　侯春霞
　　徐金凤　黄　爽　蒋舒娟　韩天放　解智龙

# 序 一

## 以中华优秀传统文化为源　启中国式现代管理新篇

中华优秀传统文化形成于中华民族漫长的历史发展过程中，不断被创造和丰富，不断推陈出新、与时俱进，成为滋养中国式现代化的不竭营养。它包含的丰富哲学思想、价值观念、艺术情趣和科学智慧，是中华民族的宝贵精神矿藏。党的十八大以来，以习近平同志为核心的党中央高度重视中华优秀传统文化的创造性转化和创新性发展。习近平总书记指出"中华优秀传统文化是中华民族的精神命脉，是涵养社会主义核心价值观的重要源泉，也是我们在世界文化激荡中站稳脚跟的坚实根基"。

管理既是人类的一项基本实践活动，也是一个理论研究领域。随着社会的发展，管理在各个领域变得越来越重要。从个体管理到组织管理，从经济管理到政务管理，从作坊管理到企业管理，管理不断被赋予新的意义和充实新的内容。而在历史进程中，一个国家的文化将不可避免地对管理产生巨大的影响，可以说，每一个重要时期的管理方式无不带有深深的文化印记。随着中国步入新时代，在管理领域实施中华优秀传统文化的创造性转化和创新性发展，已经成为一项应用面广、需求量大、题材丰富、潜力巨大的工作；在一些重要领域可能产生重大的理论突破和丰硕的实践成果。

**第一，中华优秀传统文化中蕴含着丰富的管理思想。**中华优秀传统文化源远流长、博大精深，在管理方面有着极为丰富的内涵等待提炼和转化。比如，儒家倡导"仁政"思想，强调执政者要以仁爱之心实施管理，尤其要注重道德感化与人文关怀。借助这种理念改善企业管理，将会推进构建和谐的组织人际关系，提升员工的忠诚度，增强其归属感。又如，道家的"无为而治"理念延伸到今天的企业管理之中，就是倡导顺应客观规律，避免过度干预，使组织在一种相对宽松自由的环境中实现自我调节与发展，管理者与员工可各安其位、各司其职，充分发挥个体的创造力。再如，法家的"法治"观念启示企业管理要建立健全规章制度，以严谨的体制机制确保组织运行的有序性与规范性，做到赏罚分明，激励员工积极进取。可以明确，中华优秀传统文化为现代管理提供了多元的探索视角与深厚的理论基石。

**第二，现代管理越来越重视文化的功能和作用。**现代管理是在人类社会工业化进程中产生并发展的科学工具，对人类经济社会发展起到了至关重要的推进作用。自近代西方工业革命前后，现代管理理念与方法不断创造革新，在推动企业从传统的小作坊模式向大规模、高效率的现代化企业，进而向数字化企业转型的过程中，文化的作用被空前强调，由此衍生的企业使命、愿景、价值观成为企业发展最为强劲的内生动力。以文化引导的科学管理，要求不仅要有合理的组织架构设计、生产流程优化等手段，而且要有周密的人力资源规划、奖惩激励机制等方法，这都极大地增强了员工在企业中的归属感并促进员工发挥能动作用，在创造更多的经济价值的同时体现重要的社会价值。以人为本的现代管理之所以在推动产业升级、促进经济增长、提升国际竞争力等方面须臾不可缺少，是因为其体现出企业的使命不仅是获取利润，更要注重社会责任与可持续发展，在环境保护、社会公平等方面发挥积极影响力，推动人类社会向着更加文明、和谐、包容、可持续的方向迈进。今天，管理又面临数字技术的挑战，更加需要更多元的思想基础和文化资源的支持。

**第三，中华优秀传统文化与现代管理结合研究具有极强的必要性。**随着全球经济一体化进程的加速，文化多元化背景下的管理面临着前所未有的挑战与机遇。一方面，现代管理理论多源于西方，在应用于本土企业与组织时，往往会出现"水土不服"的现象，难以充分契合中国员工与生俱来的文化背景与社会心理。中华优秀传统文化所蕴含的价值观、思维方式与行为准则能够为现代管理面对中国员工时提供本土化的解决方案，使其更具适应性与生命力。另一方面，中华优秀传统文化因其指导性、亲和性、教化性而能够在现代企业中找到新的传承与发展路径，其与现代管理的结合能够为经济与社会注入新的活力，从而实现优秀传统文化在企业管理实践中的创造性转化和创新性发展。这种结合不仅有助于提升中国企业与组织的管理水平，增强文化自信，还能够为世界管理理论贡献独特的中国智慧与中国方案，促进不同文化的交流互鉴与共同发展。

近年来，中国企业在钢铁、建材、石化、高铁、电子、航空航天、新能源汽车等领域通过锻长板、补短板、强弱项，大步迈向全球产业链和价值链的中高端，成果显著。中国企业取得的每一个成就、每一项进步，离不开中国特色现代管理思想、理论、知识、方法的应用与创新。中国特色的现代管理既有"洋为中用"的丰富内容，也与中华优秀传统文化的"古为今用"密不可分。

"中华优秀传统文化与现代管理融合"丛书（以下简称"丛书"）正是在这一时代背景下应运而生的，旨在为中华优秀传统文化与现代管理的深度融合探寻路径、总结经验、提供借鉴，为推动中国特色现代管理事业贡献智慧与力量。

"丛书"汇聚了中国传统文化学者和实践专家双方的力量，尝试从现代管理领域常见、常用的知识、概念角度细分开来，在每个现代管理细分领域，回望追溯中华优秀传统文化中的对应领域，重在通过有强大生命力的思想和智慧精华，以"古今融会贯通"的方式，进行深入研究、探索，以期推出对我国现代管理有更强滋养力和更高使用价值的系列成果。

义化学者的治学之道，往往是深入研究经典文献，挖掘其中蕴含的智慧，并对其进行系统性的整理与理论升华。据此形成的中华优秀传统文化为现代管理提供了深厚的文化底蕴与理论支撑。研究者从浩瀚典籍中梳理出优秀传统文化在不同历史时期的管理实践案例，分析其成功经验与失败教训，为现代管理提供了宝贵的历史借鉴。

实践专家则将传统文化理念应用于实际管理工作中，通过在企业或组织内部开展文化建设、管理模式创新等实践活动，检验传统文化在现代管理中的可行性与有效性，并根据实践反馈不断调整与完善应用方法。他们从企业或组织运营的微观层面出发，为传统文化与现代管理的结合提供了丰富的实践经验与现实案例，使传统文化在现代管理中的应用更具操作性与针对性。

"丛书"涵盖了从传统文化与现代管理理论研究到不同行业、不同

# 序 一

领域应用实践案例分析等多方面内容，形成了一套较为完整的知识体系。"丛书"不仅是研究成果的结晶，更可看作传播中华优秀传统文化与现代管理理念的重要尝试。还可以将"丛书"看作一座丰富的知识宝库，它全方位、多层次地为广大读者提供了中华优秀传统文化在现代管理中应用与发展的工具包。

可以毫不夸张地说，每一本图书都凝聚着作者的智慧与心血，或是对某一传统管理思想在现代管理语境下的创新性解读，或是对某一行业或领域运用优秀传统文化提升管理效能的深度探索，或是对传统文化与现代管理融合实践中成功案例与经验教训的详细总结。"丛书"通过文字的力量，将传统文化的魅力与现代管理的智慧传递给广大读者。

在未来的发展征程中，我们将持续深入推进中华优秀传统文化在现代管理中的创造性转化和创新性发展工作。我们坚信，在全社会的共同努力下，中华优秀传统文化必将在现代管理的广阔舞台上绽放出更加绚丽多彩的光芒。在中华优秀传统文化与现代管理融合发展的道路上砥砺前行，为实现中华民族伟大复兴的中国梦做出更大的贡献！

是为序。

朱宏任

中国企业联合会、中国企业家协会

党委书记、常务副会长兼秘书长

# 序 二

/

# 文化传承 任重道远

财政部国资预算项目"中华优秀传统文化在现代管理中的创造性转化与创新性发展工程"系列成果——"中华优秀传统文化与现代管理融合"丛书和读者见面了。

## 一

这是一组可贵的成果，也是一组不够完美的成果。

说她可贵，因为这是大力弘扬中华优秀传统文化（以下简称优秀文化）、提升文化自信、"振民育德"的工作成果。

说她可贵，因为这套丛书汇集了国内该领域一批优秀专家学者的优秀研究成果和一批真心践行优秀文化的企业和社会机构的卓有成效的经验。

说她可贵，因为这套成果是近年来传统文化与现代管理有效融合的规模最大的成果之一。

说她可贵，还因为这个项目得到了财政部、国务院国资委、中国企业联合会等部门的宝贵指导和支持，得到了许多专家学者、企业家等朋友的无私帮助。

说她不够完美，因为学习践行传承发展优秀文化永无止境、永远在进步完善的路上，正如王阳明所讲"善无尽""未有止"。

说她不够完美，因为优秀文化在现代管理的创造性转化与创新性发展中，还需要更多的研究专家、社会力量投入其中。

说她不够完美，还因为在践行优秀文化过程中，很多单位尚处于摸索阶段，且需要更多真心践行优秀文化的个人和组织。

当然，项目结项时间紧、任务重，也是一个逆向推动的因素。

## 二

2022年，在征求多位管理专家和管理者意见的基础上，我们根据有关文件精神和要求，成立专门领导小组，认真准备，申报国资预算项目"中华优秀传统文化在现代管理中的创造性转化与创新性发展工程"。经过严格的评审筛选，我们荣幸地获准承担该项目的总运作任务。之后，我们就紧锣密鼓地开始了调研工作，走访研究机构和专家，考察践行优秀文化的企业和社会机构，寻找适合承担子项目的专家学者和实践单位。

最初我们的计划是，该项目分成"管理自己""管理他人""管理事务""实践案例"几部分，共由60多个子项目组成；且主要由专家学者的研究成果专著组成，再加上几个实践案例。但是，在调研的初期，我们发现一些新情况，于是基于客观现实，适时做出了调整。

第一，我们知道做好该项目的工作难度，因为我们预想，在优秀文

序　二

化和现代管理两个领域都有较深造诣并能融会贯通的专家学者不够多。在调研过程中，我们很快发现，实际上这样的专家学者比我们预想的更少。与此同时，我们在广东等地考察调研过程中，发现有一批真心践行优秀文化的企业和社会机构。经过慎重研究，我们决定适当提高践行案例比重，研究专著占比适当降低，但绝对数不一定减少，必要时可加大自有资金投入，支持更多优秀项目。

第二，对于子项目的具体设置，我们不执着于最初的设想，固定甚至限制在一些话题里，而是根据实际"供给方"和"需求方"情况，实事求是地做必要的调整，旨在吸引更多优秀专家、践行者参与项目，支持更多优秀文化与现代管理融合的优秀成果研发和实践案例创作的出版宣传，以利于文化传承发展。

第三，开始阶段，我们主要以推荐的方式选择承担子项目的专家、企业和社会机构。运作一段时间后，考虑到这个项目的重要性和影响力，我们觉得应该面向全社会吸纳优秀专家和机构参与这个项目。在请示有关方面同意后，我们于2023年9月开始公开征集研究人员、研究成果和实践案例，并得到了广泛响应，许多人主动申请参与承担子项目。

三

这个项目从开始就注重社会效益，我们按照有关文件精神，对子项目研发创作提出了不同于一般研究课题的建议，形成了这个项目自身的特点。

## （一）重视情怀与担当

我们很重视参与项目的专家和机构在弘扬优秀文化方面的情怀和担当，比如，要求子项目承担人"发心要正，导人向善""充分体现优秀文化'优秀'二字内涵，对传统文化去粗取精、去伪存真"等。这一点与通常的课题项目有明显不同。

## （二）子项目内容覆盖面广

一是众多专家学者从不同角度将优秀文化与现代管理有机融合。二是在确保质量的前提下，充分考虑到子项目的代表性和示范效果，聚合了企业、学校、社区、医院、培训机构及有地方政府背景的机构；其他还有民间传统智慧等内容。

## （三）研究范式和叙述方式的创新

我们提倡"选择现代管理的一个领域，把与此密切相关的优秀文化高度融合、打成一片，再以现代人喜闻乐见的形式，与选择的现代管理领域实现融会贯通"，在传统文化方面不局限于某人、某家某派、某经典，以避免顾此失彼、支离散乱。尽管在研究范式创新方面的实际效果还不够理想，有的专家甚至不习惯突破既有的研究范式和纯学术叙述方式，但还是有很多子项目在一定程度上实现了研究范式和叙述方式的创新。另外，在创作形式上，我们尽量发挥创作者的才华智慧，不做形式上的硬性要求，不因形式伤害内容。

## （四）强调本体意识

"本体观"是中华优秀传统文化的重要标志，相当于王阳明强调的"宗旨"和"头脑"。两千多年来，特别是近现代以来，很多学者在认知优秀文化方面往往失其本体，多在细枝末节上下功夫；于是，著述虽多，有的却如王阳明讲的"不明其本，而徒事其末"。这次很多子项目内容在优秀文化端本清源和体用一源方面有了宝贵的探索。

（五）实践丰富，案例创新

案例部分加强了践行优秀文化带来的生动事例和感人故事，给人以触动和启示。比如，有的地方践行优秀文化后，离婚率、刑事案件大幅度下降；有家房地产开发商，在企业最困难的时候，仍将大部分现金支付给建筑商，说"他们更难"；有的企业上新项目时，首先问的是"这个项目有没有公害？""符不符合国家发展大势？""能不能切实帮到一批人？"；有家民营职业学校，以前不少学生素质不高，后来他们以优秀文化教化学生，收到良好效果，学生素质明显提高，有的家长流着眼泪跟校长道谢："感谢学校救了我们全家！"；等等。

## 四

调研考察过程也是我们学习总结反省的过程。通过调研，我们学到了许多书本中学不到的东西，收获了满满的启发和感动。同时，我们发现，在学习阐释践行优秀文化上，有些基本问题还需要进一步厘清和重视。试举几点：

（一）"小学"与"大学"

这里的"小学"指的是传统意义上的文字学、音韵学、训诂学等，而"大学"是指"大学之道在明明德"的大学。现在，不少学者特别是文史哲背景的学者，在"小学"范畴苦苦用功，做出了很多学术成果，还需要在"大学"修身悟本上下功夫。陆九渊说："读书固不可不晓文义，然只以晓文义为是，只是儿童之学，须看意旨所在。"又说"血脉不明，沉溺章句何益？"

（二）王道与霸道

霸道更契合现代竞争理念，所以更为今人所看重。商学领域的很多人都偏爱霸道，认为王道是慢功夫、不现实，霸道更功利、见效快。孟子说："仲尼之徒无道桓、文之事者。"（桓、文指的是齐桓公和晋文公，春秋著名两霸）王阳明更说这是"孔门家法"。对于王道和霸道，王阳明在其"拔本塞源论"中有专门论述："三代之衰，王道熄而霸术焻……霸者之徒，窃取先王之近似者，假之于外，以内济其私己之欲，天下靡然而宗之，圣人之道遂以芜塞。相仿相效，日求所以富强之说，倾诈之谋，攻伐之计……既其久也，斗争劫夺，不胜其祸……而霸术亦有所不能行矣。"

其实，霸道思想在工业化以来的西方思想家和学者论著中体现得很多。虽然工业化确实给人类带来了福祉，但是也带来了许多不良后果。联合国《未来契约》（2024年）中指出："我们面临日益严峻、关乎存亡的灾难性风险"。

（三）小人儒与君子儒

在"小人儒与君子儒"方面，其实还是一个是否明白优秀文化的本体问题。陆九渊说："古之所谓小人儒者，亦不过依据末节细行以自律"，而君子儒简单来说是"修身上达"。现在很多真心践行优秀文化的个人和单位做得很好，但也有些人和机构，日常所做不少都还停留在小人儒层面。这些当然非常重要，因为我们在这方面严重缺课，需要好好补课，但是不能局限于或满足于小人儒，要时刻也不能忘了行"君子儒"。不可把小人儒当作优秀文化的究竟内涵，这样会误己误人。

（四）以财发身与以身发财

《大学》讲："仁者以财发身，不仁者以身发财"。以财发身的目的是修身做人，以身发财的目的是逐利。我们看到有的身家亿万的人活得很辛苦、焦虑不安，这在一定意义上讲就是以身发财。我们在调查过程中也发现有的企业家通过学习践行优秀文化，从办企业"焦虑多""压力大"到办企业"有欢喜心"。王阳明说："常快活便是功夫。""有欢喜心"的企业往往员工满足感、幸福感更强，事业也更顺利，因为他们不再贪婪自私甚至损人利己，而是充满善念和爱心，更符合天理，所谓"得道者多助"。

（五）喻义与喻利

子曰："君子喻于义，小人喻于利"。义利关系在传统文化中是一个很重要的话题，也是优秀文化与现代管理融合绕不开的话题。前面讲到的那家开发商，在企业困难的时候，仍坚持把大部分现金支付给建筑商，他们收获的是"做好事，好事来"。相反，在文化传承中，有的机构打着"文化搭台经济唱戏"的幌子，利用人们学习优秀文化的热情，搞媚俗的文化活动赚钱，歪曲了优秀文化的内涵和价值，影响很坏。我们发现，在义利观方面，一是很多情况下把义和利当作对立的两个方面；二是对义利观的认知似乎每况愈下，特别是在西方近代资本主义精神和人性恶假设背景下，对人性恶的利用和鼓励（所谓"私恶即公利"），出现了太多的重利轻义、危害社会的行为，以致产生了联合国《未来契约》中"可持续发展目标的实现岌岌可危"的情况。人类只有树立正确的义利观，才能共同构建人类命运共同体。

（六）笃行与空谈

党的十八大以来，党中央坚持把文化建设摆在治国理政突出位置，全国上下掀起了弘扬中华优秀传统文化的热潮，文化建设在正本清源、守正创新中取得了历史性成就。在大好形势下，有一些个人和机构在真心学习践行优秀文化方面存在不足，他们往往只停留在口头说教、走过场、做表面文章，缺乏真心真实笃行。他们这么做，是对群众学习传承优秀文化的误导，影响不好。

## 五

文化关乎国本、国运，是一个国家、一个民族发展中最基本、最深沉、最持久的力量。

中华文明源远流长，中华文化博大精深。弘扬中华优秀传统文化任重道远。

"中华优秀传统文化与现代管理融合"丛书的出版，不仅凝聚了子项目承担者的优秀研究成果和实践经验，同事们也付出了很大努力。我们在项目组织运作和编辑出版工作中，仍会存在这样那样的缺点和不足。成绩是我们进一步做好工作的动力，不足是我们今后努力的潜力。真诚期待广大专家学者、企业家、管理者、读者，对我们的工作提出批评指正，帮助我们改进、成长。

企业管理出版社国资预算项目领导小组

# 前　言

简言之，"和合"就是《易经》所说的"各正性命，保合太和"，就是孔子所说的"和而不同"，就是《国语·郑语》所说的"和实生物"，就是费孝通所说的"美美与共"……近年来，"和合"成了一个热词，之所以成为热词，其内在原因一定是契合了人们内心的向往、追求或期盼、信仰。

20世纪末，我国社会科学界一些学者开始了对和合文化寻根溯源式的理论研究，旨在揭示："和合"是中华文化之精髓，弘扬和合文化具有重要的现实意义。1994年，中国人民大学张立文教授在《中国文化思想发展阶段的思考》一文中提出："中国文化思想与世界文化思想发展的阶段，大体上有相类似之处。这就是潜哲学阶段、形而上学阶段、和合学阶段。这三个阶段具有相对的普遍意义。"[1]

20世纪90年代中期，《人民日报》社、《光明日报》社、《科技智囊》杂志社、北京大学中国国情研究中心等新闻单位与学术机构启动了"中华和合文化弘扬工程"，对和合文化展开了系统的研究，掀起了和合文化研究的一次热潮。程思远、张岱年、汤一介、季羡林等学者先后撰文，论述和合思想。随后，关于和合文化的研究、讨论与应用日渐

---

[1] 张立文.中国文化思想发展阶段的思考[J].中华文化论坛，1994，(1).

兴盛起来。学者们普遍认为，和合文化是具有中华民族特色的文化概念，用和合的思路思考和解决问题，是处理好各种社会关系的核心及有效途径。

进入21世纪以来，有关和合文化的研究逐步由探源考证走向弘扬应用，在研究热度有所下降的同时，研究的细度与深度有所提升，研究人群明显由小众走向分众，并逐步进入主流话语体系，研究内容也由单一的伦理哲学领域扩展到多元化学科领域。有关和合主题的研究，逐步向社会各个层面展开，出现于政治外交、社会治理、生态环境、科学发展、高校管理、企业管理、和谐社会、人际关系等诸多领域。从2007年开始，苏州寒山寺每年举办一次和合文化主题论坛，迄今已经举办了17届。2008年5月，和合文化国际研讨会在浙江天台召开。2009年10月，首届中华和合文化论坛在杭州举行。这些学术研讨活动的渐次召开，无疑对和合文化的进一步深入研究与应用发挥了较大的推动作用。2022年6月，温州市和合文化促进会成立。2023年10月，和合学与温州学融合发展研讨会暨温州和合文化园开园活动在温州龙湾区举行。2024年4月28日，由中国实学研究会主办、中国人民大学孔子研究院承办的"和合学与哲学创新"学术座谈会在中国人民大学国学馆召开，会议期间成立中国实学研究会和合文化专业委员会，并选举张立文为荣誉会长、彭永捷为会长，标志着和合文化研究向着理论"务虚"与致用"务实"相结合迈出新的脚步。2024年5月21日，由国际儒学联合会、中国人民对外友好协会、北京大学、法国展望与创新基金会共同主办的"2024和合文明论坛"在法国巴黎吉美国立亚洲艺术博物馆举办。

# 前言

党的十八大以来，习近平总书记对于中华和合文化高度重视，将之视为中华传统文化的核心精髓。他曾在发表于《浙江日报》的《文化育和谐》一文中指出："我们的祖先曾创造了无与伦比的文化，而（和合）文化正是这其中的精髓之一。"2023年3月15日，习近平总书记在中国共产党与世界政党高层对话会上强调：世界各国人民应该秉持"天下一家"理念，张开怀抱，彼此理解，求同存异，共同为构建人类命运共同体而努力。2023年8月24日晚，习近平主席在中非领导人对话会上发表题为《携手推进现代化事业 共创中非美好未来》的主旨讲话。讲话指出，中国和非洲正在通过共同探索现代化的生动实践回答历史之问，携手推进合作共赢、和合共生、文明共兴的历史伟业。

和合文化是中国传统文化的精髓，其中蕴含着丰富的修身、齐家、治国、平天下的管理哲学和智慧。我国管理学界对我国传统和合文化及和合功能在组织管理中的应用也多有研究。如成中英的"C理论"、曾仕强的"中国式管理"、齐善鸿的"道本管理"等。苏东水教授在1986年发表了《现代管理学中的古为今用》一文，开始分析古代管理思想的现代价值。20世纪90年代中期以来，东方管理学说日益走向成熟。作为国家自然科学基金项目"东方管理学思想研究"的成果之一，《东方管理》一书于2003年1月正式出版。"和谐理论"是席酉民教授于1987年提出的一种管理理论，他在1989年出版了《和谐理论》一书。2004年，梁志文在《中国公共卫生管理》杂志发表了《和合管理新探》一文，提出和合管理的主旨是群体同构应合，和合管理的主导是群体价值链优化，和合管理的主体是管理层协和。[1] 2005年，黄如金在《经济管理》杂志发表了《构建和谐社会与管理创新》[2] 和《和合管理与"蓝海战略"》[3] 两篇论文，提出"创立有中国特色的和合管理理论"的命题。2006年11月，黄如金出版著作《和合管理》[4]。这些理论观点的提出，其积极作用是显而易见的。但管理不能仅停留在空洞的理念上，还要落实到具体的实践中，因此，形成行之有效的管理方略，是摆在和合管理研究者面前的现实而生动的命题。

从2006年始，笔者意识到和合文化在管理实践中的积极意义与重要作用，开始以和合管理为研究方向与内容的尝试与探索，发表论文40余篇，并承担了山西省哲学社会科学规划课题"晋商和合管理智慧及其现代应用"（课题编号2020YJ215）。2024年召开的党的二十届三中全会，从中国式现代化的角度提出发展社会主义先进文化，加快适应信息技术迅猛发展的新形势。这就需要管理学理论研究与实践应用，结合新时代中国特色社会主义发展的历史机遇，面对百年未有之大变局，构建中国管理学自主知识体系。今逢"大力弘扬中华优秀传统文化、探索中华优秀传统文化在现代管理中的创造性转化和创新性发展、加快构建中国特色哲学社会科学自主知识体系"盛世良机，汇编构筑并提出一些粗浅的想法与看法，诚望各方专家学者批评指导。

---

[1]梁志文.和合管理新探[J].中国公共卫生管理，2004，(5).
[2]黄如金.构建和谐社会与管理创新[J].经济管理，2005，(9).
[3]黄如金.和合管理与"蓝海战略"[J].经济管理，2005，(24).
[4]黄如金.和合管理[M].北京：经济管理出版社，2006.

# 目　　录

## 第一章　中华和合文化　1
第一节　和合起源　3
第二节　和合释义　4
第三节　和合文化　12
第四节　对联和合文化与和合文化对联　19

## 第二章　和合管理总论　25
第一节　和合管理的概念　27
第二节　和合管理职能　30
第三节　和合管理的内容　32
第四节　和合管理的基本过程　41

## 第三章　和合思维　45
第一节　和合思维的概念　47
第二节　和合思维的核心内容　48
第三节　网络经济时代和合管理新思维　52

## 第四章　和合人假设　59
第一节　管理学中的人性假设　61

第二节　和合人假设的内涵　62
第三节　和合人假设的客观性　64
第四节　和合人假设的可行性　70
第五节　和合人假设的实践性　73

**第五章　和合管理体制**　77
第一节　和合管理的内容　79
第二节　构建和合管理体制　85

**第六章　和合激励**　93
第一节　和合激励的内涵　95
第二节　和合激励的类型　96
第三节　和合激励实践　106

**第七章　和合目标管理**　109
第一节　和合目标管理的内涵　111
第二节　和合目标管理的原则　112
第三节　和合目标管理的情境　117
第四节　和合目标管理方略　120

**第八章　和合营销**　129
第一节　营销范式的转变　131
第二节　和合营销的内涵　132
第三节　市场营销的本质是和合　133

第四节　和合营销战略　136
第五节　和合营销策略　139

## 第九章　共情管理　153
第一节　仁爱推演与共情管理　155
第二节　共情管理的分类　157
第三节　共情能力阶梯　160
第四节　影响共情能力的因素　162
第五节　共情管理策略　163

## 第十章　和商精神　169
第一节　企业家精神的内涵　171
第二节　企业家精神的特点　173
第三节　和商与和商精神　183
第四节　和商精神的内容　185

## 第十一章　晋商和合管理智慧　195
第一节　晋商文化中丰富多样的和合思想　197
第二节　晋商文化中卓越的和合管理智慧　199
第三节　和合管理体制的成功范例——晋商人力资源会计实践　209
第五节　和合管理视角下晋商兴衰的原因　216
第六节　晋商和合管理智慧的现代应用　222

## 第十二章　实施和合管理的意义　227

第一节　适应"乌卡时代"的要求　229

第二节　适应网络经济发展的要求　232

第三节　适应智能革命的要求　235

第四节　应对职场新情境的要求　235

第五节　达成人类共识的要求　237

**主要参考文献**　241

# 第一章
## 中华和合文化

和合文化是中华传统文化的核心与精髓，是中华民族绵延数千年的历史基因，是处理人与人、人与自然、人与社会关系的智慧源泉，对于现代管理，蕴含着极其丰富的精神给养和道、法、术启示。

## 第一节　和合起源

中华和合文化源远流长。"龢"始见于商代甲骨文，是形声字，本义是声音相应和谐或和谐动听的乐声，在甲骨文中表示祭祀时使用的音乐。"和"始见于战国金文，本义指声音相应和，读 hè。"龢"字在春秋以前频用，战国后文献中渐以"和"代之。

"合"为会意字，本义是器物的器身与器盖两两相扣相合，也说是上下嘴唇的合拢。在甲骨文中用作会合、聚合、合并等。殷周时，"和"与"合"是单一概念，尚未联用。《易经》中"和"字有两见，有和谐、和善之意，而"合"字则无见。"和"的思想来自先秦儒家，"合"的思想主要来自道家。春秋时期，"和""合"二字联用，构成和合范畴。"和合"一词最早出现在《国语》中，"商契能和合五教，以保于百姓也"。[1] 东汉以后，"和合"一词出现得日渐频繁。道家《太平经》讲："阴阳者象天地以治事，和合万物。"《管子》讲："和合故能谐……""畜之以道，则民和；养之以德，则民合。和合故能习……"墨子在《墨子间诂》中认为"离散不能相和合"。《韩诗外传》讲："天施地化，阴阳和合。"佛家说"因缘和合"等。

实现声、情、景、人和合的独唱与独奏是优美的。而在合唱或合奏中，每位艺术家虽然都有自己的艺术追求与呈现，但要服从指挥，服从和合主题的追求，兼顾其他演奏者、演唱者的音色、节奏、力度、速度、风格、气息等各方面的要素，通过每个个体的努力，实现整体的和谐及更好的集体性音乐呈现，这是和合的典型范例之一。如果各弹各的

---

[1] 纪光欣，宋红燕.以中致和：管理的和合本质追问——基于传统和合思想的阐释[J].领导科学，2021，(6).

调、各唱各的曲，结果只能是噪声而非优美的乐曲。可见，和合的核心思想是和，中华民族的先祖早已对和合有了深入的认知。

## 第二节　和合释义

在中国传统文化中，和合体现的不是单个学派的文化精神，而是涵摄儒、道、释等各家各派的普遍精神。关于和合，较为成熟且有代表性的阐释有以下几种。

### 一、哲学释义

1. 传统典籍释义

传统典籍中最能准确阐释和合思想的是《周易·乾卦·彖传》中的"乾道变化，各正性命，保合太和，乃利贞"。这是一个宇宙论的理念，也是关于和合最经典的表述。意思是天道变化，万物都能够按照各自的本性发展自己，成就自己，且保持最和谐的状态，这是有利于万物发展的，这个过程就是一个和合的过程。

《国语·郑语》中说："夫和实生物，同则不继，以他平他谓之和，故能丰长而物生之；若以同稗同，尽乃弃矣，故先王以土与金、木、水、火杂以成百物。"意思是不同的事物放在一起就有可能和合共生，继而生成新事物，相同性质的事物相加则不能产生新事物。

《论语·子路》中说："君子和而不同，小人同而不和。"孔子"和而不同"的思想比较能够反映和合文化的本质，即不仅限于人与人之间的关系，包括国与国、人与社会、人与自然（天人）之间，都可以用和而不同或不同而和来加以概括。《论语·学而》中说："礼之用，和为贵。先王之道，斯为美，小大由之。有所不行，知和而和，不以礼节之，亦不可行也。"礼应注重于应用，它的可贵之处就在于推进人与人之间和睦。先王之道，其美好之处也正在这里。和为贵是实实在在的，大事和小事都要按此原则办。当然，也不能为和而和，不以礼的规范来节制，那就行不通了。"万物并育而不相害，道并行而不相悖"（《礼记·中庸》），意思是天下万物能一同发育而不相互危害，各种行为准则能同时进行而不相互矛盾。《礼记·乐记》云："乐者为同，礼者为异。同则相亲，异则相敬。"阐述了乐的特性是求同，礼的特征是求异，同使人们互相亲爱，异则使人互相尊敬的和合理念。

《管子·兵法》中说："畜之以道，则民和；养之以德，则民合。和合故能谐，谐故能辑。谐辑以悉，莫之能伤。"管子认为，小到个人成长，大到国家大事，能够做到"道"和"德"，人民才能团结，君民才能平安相处，军队行动才会协调一致，国家才会长治久安。《孟子·公孙丑下》认为"天时不如地利，地利不如人和"，《墨子》主张"兼爱""非攻""尚同"，《庄子·内篇·齐物论》讲"天地与我并生，而万物与我为一"，《荀子集解·理论》讲"万物得其和以生"。道家也讲和合，道家思想之精髓是"道法自然"，主张遵循客观规律，人应法天、法地、法自然，讲的是人与自然的和合。《墨子·尚同》提出："内之父子兄弟作怨仇，皆有离散之心，不能相和合。"

2."中华和合文化弘扬工程"释义

20世纪90年代中期，由程思远组织的"中华和合文化弘扬工程"启动，其主张和合是指在承认不同事物之间的矛盾、差异的前提下，把彼此不同的事物统一于一个相互依存的和合体中，并在不同事物和合的过程中，吸取各个事物的优长而克其短，使之达到最佳组合，由此促进新事物的产生，推动事物的发展。这一概念最早见于由蔡方鹿执笔完成的《中华和合文化研究及其时代意义》一文[1]，因其概括严谨准确，得到和合文化研究者的普遍认同。可见，和合文化有两个基本的要素：一是客观地承认不同，比如阴阳、天人、男女、父子、上下等；二是把不同的事物有机地合为一体，如阴阳和合、天人合一、五教合合、五行和合等。《易传》谓："一阴一阳之谓道。"《荀子·礼论》认为："天地合而万物生，阴阳合而变化起。"《黄老帛书》称："天地之道，有左有右，有阴有阳。"这种阴阳观念，不仅是一种抽象概念，而且广泛浸润到古代中国人对自然界和人类社会万事万物的认识和解释中。

3. 张立文《和合学》释义

张立文教授在《和合学概论——21世纪文化战略的构想》[2]一书中认为：和合有广义与狭义之分。狭义的和合，即典型意义的和合，指的是相反、相异事物之间的和合，如男女、天地、正反、阴阳等的融突合作。这一释义源于《国语·郑语》："夫和实生物，同则不继。以他平他谓之和，故能丰长而物生；若以同裨同，尽乃弃矣。"显然，和合不等同于听天由命、随遇而安、逆来顺受的妥协顺从，也不等同于井水不犯河水的相安无事。

进入21世纪后，张立文教授对和合的内涵有了进一步的阐释。他认为：若从广义上说，和合是指自然、社会、人际、心灵、文明之间诸多形相、无形相的互相冲突、融合，以及在冲突、融合的动态变易过程中诸多形相、无形相和合为新的结构方式、新事物、新生命的总和。这一阐释，视野与思路更为宽泛与深远，也使得和合文化、和合哲学的应

---

[1] 蔡方鹿.中华和合文化研究及其时代意义[J].社会科学研究，1997,(6).
[2] 张立文.和合学概论——21世纪文化战略的构想[M].北京：首都师范大学出版社，1996.

用更加远大宏阔。[1]

**4. 费孝通释义**

1990年年底，日本著名社会学家中根千枝教授与中国学者乔健教授一起在日本举办了东亚社会研究国际研讨会，费孝通应邀写了发言稿《缺席的对话——人的研究在中国——个人的经历》[2]。在这篇文章中，他采用对话的方式阐述了自己的学术观点，对话人是他在伦敦的同学埃德蒙·利奇。费孝通提到了自己与利奇在学术观点上的分歧，他说："我和埃德蒙意见的分歧，一个有人类学修养的人是完全能理解的。这里不存在谁是谁非的问题，而是属于不同传统和处境的问题。我们不仅能相互容忍而且能相互赞赏。我们不妨各美自美，还可以美人之美。这是人类学者的应有共识。"费孝通继续说道："不幸的是人类学在现代世界上还是少数人的珍品，远不是普通人的常识。可是在各种文化中塑造出来的具有不同人生态度和价值观的人们，由于科技的急速发展，已经生活在一个你离不开我，我离不开你的小小寰宇之上了。他们带着思想上一直到行为上多种多样的生活方式进入共同生活，怎样能和平共处确实已成为一个必须重视的大问题了。由于文化的隔阂而引起的矛盾会威胁人们的共同生存。从这个角度去看我这次和埃德蒙的缺席对话，其意义也许不只限于我们少数不同国籍的人类学家的共同兴趣，而可以联系到今后世界人类怎样进入21世纪的问题。"他最后提出了一个问题："我虽然已经年过八十，对今后人类的关心看来并不是杞人忧天。人类学者是否有责任在建立文化容忍的精神方面做出一些贡献？"说完这段话后，费孝通欣然用毛笔写下了"各美其美，美人之美，美美与共，天

---

[1] 张立文.和合学——21世纪文化战略的构想[M].北京：中国人民大学出版社，2006.
[2] 费孝通.缺席的对话——人的研究在中国——个人的经历[J].读书，1990，(10).

下大同"十六个字。后来他在阐述自己写这十六个大字的心情时表示："作为一个人类学者，我希望这门学科自觉地探讨文化的自我认识、相互理解、相互宽容问题，确立世界文化多元共生的理念，促进天下大同的到来。"

### 二、宗教释义

"因缘和合"作为佛教术语，既表现了佛教的根本思想，同时亦是佛教哲学解释世界存在的基本方法。佛教认为，法不孤起，仗因托缘，即任何事物都不是孤立独存的抽象存在物，而是无穷无尽的因果链条上的一个环节，是因缘和合的产物。佛教传入中国之后，与中国固有的和合文化传统相互渗透，使之得到进一步丰富和发展。佛教译籍中常用"和合"一词，具有将不同的因素组合为一个整体，或者使不同的人和睦共处等意思。出家僧人的团体组织，在梵语中称为"僧伽"，意译即为"和合众"。佛教所说的和合具有两层意思：一是理和，即佛教的终极目标是要证得诸法寂灭，脱离生死流转的烦恼苦海；二是事和，即"身和同住、口和无诤、意和同悦、戒和同修、见和同解、利和同均"的六和敬。

道家讲"合和万物"。道家学派创始人老子提出"万物负阴而抱阳，冲气以为和"（《道德经》第四十二章）的思想，认为道蕴含着阴阳两个相反方面，万物都包含着阴阳，阴阳相互作用而构成"和"。"和"是宇宙万物的本质以及天地万物生存的基础。"和合"意识在彰显道教文化典型特质的过程中发挥了重要作用。《慧命经》引《宝积经》："和合凝集，决定成就。"宋人张伯端在《金丹四百字序》中提出"和合四象"的说法。《性命圭旨》提出的"和合四象图"和"和合四象说"中的"四象"，指水、火、金、木或青龙、白虎、朱雀、玄武。老子在《道德经》中主张的"人法地，地法天，天法道，道法自然"思想也体现了其追求和合的信念主张。

太原的傅山先生对此进行了通俗解释，"天，一也。阴阳，二。阴有阴理，阳有阳理，阴不欲无阳，阳不欲无阴，分而之人者，阳之人始不欲有阴，阴之人始不欲有阳，而各有其理……欲独据而有之者，天之毗也，理之毗也。毗阴者嫉阳，毗阳者疾阴，皆不知分诸天而同诸天也"。[1]意思是说，天是由阴阳统一构成的，想以阴独据或以阳独据，都是对天和理的伤害，损害阴对阳也不利，反之亦然。只有阴阳和合才能构成完整而统一的天。

在东方文化传统中，宗教与哲学的关系是相互渗透、相互影响的，其特点是两者之间若即若离，界限模糊。

### 三、民俗释义

民俗层面的和合信仰，最初承载在一个叫万回的僧人身上。传说唐朝时有个僧人，本姓张，他有个哥哥在边东当兵，久绝音讯，其父母日夜涕泣想念，于是他出门如飞，一日往返行万里，并带回一封哥哥的家书给父母，故被号为"万回"。万回生性痴愚，形状怪异，其像蓬头笑面，身穿绿衣，左手擎鼓，右手执棒，云是"和合之神"，祀之可使人在万里外亦能返回。传说是菩萨转世，因犯错被佛祖贬到人间，他所说之事多有应验，唐高宗曾把万回召入宫，武则天还送他锦袍玉带。万回死后，宫廷、民间都奉祭他，认为他能未卜先知，排解祸难，相信他能使万里之外的亲人回家团圆。唐明皇亦封万回为圣僧，后人视之为"团

---

[1] 傅山，刘贯文，张海瀛，等.傅山全书·圣人为恶篇[M].太原：山西人民出版社，1991.

圆之神"，称之为"和合神"。

唐后期，和合信仰便逐步转移到寒山、拾得两位僧人身上，和合之神后来逐步分为二神。寒山与拾得两位大师，是唐代天台山国清寺隐僧，并称"寒拾"，行迹怪诞，言语非常，相传是文殊菩萨与普贤菩萨的化身。寒山是个诗僧、怪僧，隐居在天台山寒岩，因名寒山，他的诗写得很好，但脾气十分怪，常常跑到各寺庙中"望空噪骂"，和尚们都说他疯了，他便洒笑而去。拾得刚出世便被父母遗弃在荒郊，天台山国清寺高僧丰干和尚化缘经过，将其抱至寺中抚养，起名"拾得"。拾得受戒后，被派至厨房干杂活，他常将一些余羹剩菜送给寒山吃。国清寺的丰干和尚见他们如此要好，便让寒山进寺和拾得一起做厨僧，二人情同手足，亲密无间。我国民间珍视寒山拾得情同手足的情谊，便把他俩推崇为和睦友爱的民间爱神。清雍正十一年（1733年），雍正皇帝敕封寒山大士为"和圣"，拾得大士为"合圣"。于是，和合文化人格化为"寒山、拾得"，一持荷花，一捧圆盒，称"和合二仙"，寓指和合同心、生意吉顺，和合文化符号化为"和合二圣、和合二仙"的团圆之神、喜庆之神和吉祥之神。

早期《和合图》中的寒山、拾得均为男身，多数形象为：拾得手擎荷花，寒山手执斋盒，两人蓬头笑面，身穿莲蓬纹和云纹袈裟，自然袒胸，相互挨肩，俨然一对兄弟。兄弟之情显然不能以怪诞痴狂之笑来表现，他们的笑必然是温和的笑、理智的笑。《和合图》在民间进一步拓展，被用于婚姻祝福。因为承载着组合家庭与传宗接代的功能，婚配较之于兄弟之情更为重要。约在明代中叶，民间和寺观就已开始供奉和合神像。至清初，出现了异性的和合二仙塑像，有的还分别穿上了红绿衣服作为喜结秦晋的象征——"夫妻和合"。夫妻之间在造型上表现出亲密的情态有悖于中国传统伦理。为了改善传播效果，聪明的民间艺术家便在人物年龄上做文章——从清末开始,寒山、拾得演变为少年,从而出现了两小无猜、天真烂漫的形象。[1]

寒山、拾得在佛学、文学上的造诣都很深,擅长以白话诗警示世人,寒山所留诗篇有记载的共600多首,但流传至今的只有300多首,后人将他们的诗汇编成《寒山子集》三卷,"寒拾问对"流传甚广。寒山诗篇不仅在中国受到青睐,而且在元代即已传至日本,直接影响了日本的短歌、戏剧、绘画的艺术风格,并形成了广泛的民众基础。20世纪50年代,寒山诗传入美国,诗中反映的独特的人生哲学抚慰了美国青年充满动荡感、空虚感的心灵,因而受到认同和推崇,形成了一股"寒山热",影响可谓深远。

和合文化的标志性人物济公,其"众生平等、急公救难、除恶扬善、扶危济贫"的精神深受认同。

自2017年起,天台县开始打造和合文化传播地、标志地,建设和合文化传承发展示范区。2017年,台州学院和合文化研究院成立。天台县在2017年、2019年分别举办了全国性的和合文化论坛;出版了《和合文化读本》《解读和合文化》《寒山拾得(和合二仙)传说》等20多部论著;在县城北郊、国清寺景区的南部,还建造了一座"和合小镇"。

姚广孝的《寒山寺重兴记》中记载:"寒山子者,来此缚茆以居,修持多行甚勤。希迁禅师于此创建伽蓝,遂额曰:'寒山寺'。"自此,寒山被尊为寺院祖师。寒山寺正殿释迦牟尼金身佛像背后,供奉着寒山、拾得的石刻画像,画像出自"扬州八怪"之一罗聘之手,用笔大胆粗犷、线条流畅。图中寒山右手指地,谈笑风生;拾得袒胸露腹,欢

---

[1] 周怡.寒山拾得"笑"的造型及其文化内涵的嬗变[J].理论学刊,2012,(4).

愉静听。寒山寺里建有寒拾殿，寒山、拾得二人的塑像立于殿中。2007年11月，首届寒山寺文化论坛在苏州召开；2008年12月，苏州市召开以"和合人间、和谐社会"为主题的第二届寒山寺文化论坛；随后每年举办一届以"和合文化"为主题的文化论坛，延续至今。这奠定了寒山寺在国内外享有极高盛誉的"和合祖庭"的地位。

## 第三节 和合文化

中华传统文化是和合文化之根脉与源头，和合文化在中华大地流布极广、追求极盛、影响极深，是中华民族自我发展和追求和谐生活的精神支柱。在中华文化沃土上培育出来的和合文化大体可分为儒教哲学层面和宗教信仰层面两大十条，在此基础上又形成了散布于中国人民社会生活各方面、各层面、各领域的和合信仰与追求。在当今全球化时代，和合文化不仅是蕴藏着生动中华传统生存智慧的精神家园，而且是走出当代人类困境、解决全球问题、构建人类命运共同体的重要途径。

在中华民族5000多年文明演进的过程中，和合理念代代相传，作为我们的文化基因，已深深植根于中国人的精神血液中，成为中华文明的精神内核。"和也者，天下之达道也"（《中庸》），把"和"作为通达天下之"道"。"天地与我并生，而万物与我为一"（《庄子·内篇·齐物论》），天地与我共存，而万物与我合为一体，天人合一，天地万物为一体，人与自然万物皆为同源，天道的自然是人道的根基，是人与自然和合共生的必然要求。和合文化是在中华文化沃土上培育出来的，重视和合、追求和合是博大精深的中华文化的精髓；推崇和倡导和合，是传统中国的重要历史文化表现。无疑，中华传统文化是和合文化之根。

和合文化是中华民族繁衍几千年最有生命力的人类文化认同，和合文化所体现的价值取向、行为理念、本真意境、至善修养、尊人意识、包容胸怀，对于集成和完善中华民族精神具有不可忽视的意义。和合文化是贯通儒、道、释的文化融合点和核心价值，"和""合"作为儒、道思想，体现了中国传统文化的核心价值，与中国化的佛学融为一体，形成和合文化。

## 一、美学和合文化

儒、道、禅审美理想中，儒家美学偏重个体与社会间的人伦之和，倡导中正仁和，是一种伦理美学；道家美学偏重于个体与自然间的天人之和，倡导妙造自然，是一种自然美学；禅宗美学偏重于个体自我的内心之和，倡导心物相圆，是一种心性美学。三者虽各有侧重点，但都以和合自然为基本内容和基本特征。例如，中国传统文化中讲究成双成对，崇尚阴阳对峙、辩证和谐的审美观一直延续到今天。人文景观布局和设计要因势、得体，与自然景观相协调，以体现和谐自然之美。庄子认为理想的审美境界是"无声之中，独闻和焉"，《淮南子》认为音乐表演的至高境界是"通于太和"。

据调查，我国有和合村、和合乡、和合镇等 30 多处，分布在江苏、上海、山西、海南、浙江、湖北、安徽、广西、广东、云南、河南、江西 12 个省（直辖市）。例如，浙江省嘉兴市嘉善县魏塘镇和合村、浙江省丽水市青田县海口镇和合村、云南省昆明市石林县圭山镇和合村、湖南省娄底市双峰县锁石镇和合村、湖南省娄底市涟源市金石镇和合村、湖南省益阳市桃江县三堂街镇和合村、广西壮族自治区贵港市桂平市江口镇和合村、广西壮族自治区玉林市成均镇和合村、山西省运城市稷山县稷峰镇和合村、山西省长治市潞城区微子镇和合村、江苏省南通市启东市寅阳镇和合村、上海市浦东新区康桥镇和合村、河南省郑州市新密市大隗镇和合村、广东省云浮市泗沦镇和合村、安徽省马鞍山市博望区新市镇和合村、海南省儋州市和庆镇和合村、江西省九江市都昌县和合乡和合村。这些地名的由来大多年代久远、无从考证，但无不寄托着当地居民美好的愿望。例如，山西省长治市潞城区微子镇和合村是中华人民共和国成立以后，政府将南祥、南凹两村合并管理并命名为"和合村"，取和平相处、互助协作之意。

## 二、社会学和合文化

"和"与"合"融合生成和合文化，开创了中华传统文化中一个新的格局。儒学文化倡导的是主体际"和"关系，如夫妻和顺、兄弟和睦、人人和谐、国际和平等。道家的"合"观念侧重于主客体关系。和合文化既涵摄了主体际关系，又超越了主客体关系向度，是集双重关系为一体的共生关系。

在处理人与人之间的关系时，和合文化主张对待一切与自己生活在同一天宇之下的万物众生，应该尊重其与自己一样的欲望、要求与权利，包容他人与自己的差异，尊重他人的兴趣、爱好、观点和追求。

关系各方如果都采取积极主动的态度和措施追求和合共赢的状态，即为积极性和合；如果关系各方都采取消极被动的和平共处的态度，则为消极性和合。中国人的社会，是一个人情化、人性化的社会，特别是底层百姓间的人际交往中，人情已经被纳入社会公认的和合交往渠道和交往公式，人情又以保持人际关系的和谐为目的。即使不是积极的和合，悲观的状态也可能是井水不犯河水或者"鸡犬之声相闻，老死不相往来"的消极性和合。例如，种族、民族间的平等，非主流、非大众人群与大众人群之间的和合相处，以及消除各类社会歧视等。

人类是在一定的生态环境中生存的，人与自然之间如果失去平衡，就会给人类的生存带来危机和灾难。在中国传统文化中，不仅有人与人之间的和合、人与社会的和合，而且有人与自然和合共处的思想，这对于今天保持自然生态平衡，保护人类的生存环境具有重要的意义。

### 三、民间礼俗和合文化

和合文化具有极其广泛的社会普及面和十分深入的社会渗透力。在社会生活各领域，和合文化借助某种载体或通过某一媒介，寄托了人们对和合愿景的追求，标示了人们对和合处世哲学的真诚信仰，呈现了中华文化和合共生的主流特征，反映了中华文化和合圆融的内质和外貌，也体现了鲜明的民族特色和丰富的文化内涵。

1. 和合二仙信仰

在我国传统的婚礼喜庆仪式上，常常挂有和合二仙的画轴。画轴之上两位活泼可爱、长发披肩的孩童，一位手持荷花，另一位手捧圆盒，祝贺新婚夫妇白头偕老，永结同心。"和合"与"福禄寿喜"一起常常被人们视为对美好生活的期冀，或书写或镌刻或印制或刺绣在某种生活器物上。在民间广泛流传的承载和合二仙的图案及传播和合文化的器物琳琅满目、举不胜举，诸如字画、玉配饰、玉插件、玉如意、玉香熏、和合如意铜锁、年历卡、木雕、根雕、核雕、竹雕、花钱等。

2. 和合风俗禁忌

社会风俗的细微之处，往往透露出和合精神。我国民间流传至今的习俗在促进家庭和睦、夫妻和谐方面也有深厚的和合用意。我国南北很多地方春节期间有很多禁忌。例如，"出嫁的女儿不能在娘家过年"的节庆禁忌，海南有些村子讲究女儿不能看见"年三十的火和正月十五的灯",否则对娘家不利。这种习俗起源于何时不得而知,但至少在元明戏曲中就已经有反映。这种习俗的消极意义是强化了妇女对婚姻的依赖,增加了妇女挣脱不适婚姻束缚的社会压力,其积极意义则是促进了夫妻矛盾的化解与夫妻和谐。再如,春节这一天债主不许上门讨债,人们认为这一天讨债对借贷双方均不吉利;春节期间(正月初一到十五期间)忌言鬼、死、杀等不吉字眼,忌打碎碗碟,忌恶声谩语,忌随地便溺,忌泼污水、倒垃圾、动刀子和剪子及针线。既反映了人们趋吉避凶、祈求平安、祈盼幸福的心理诉求,也有利于和谐气氛的营造。许多地方有在大年初五之前不能拿针、剪刀等习俗,其用意大概是依此形成一种无形的强制力量,使辛苦一年的妇女能好好休息。

我国北方农村的正月初八日是祭星日。古人认为"天人合一"或"天人一体",星宿与地上的人事是相对应的,上有多少星,下有多少人,人人物是人星宿转世,小人物是小星宿转世。人的命运与天上的星宿有着密切的关联。二十八星宿中,有主吉的,有主凶的,而且他们在管理人间的事务时,轮流值年、值月、值日,因此与人的命运和活动有着直接的联系。人们为了趋吉避凶,在新的一年开始的时候,首先祭祀天上的星星,以求新的一年顺利。父母亡日称忌日,每逢忌日忌饮酒、忌娱乐;连续三年春节忌贴红对联,第一年不贴,次年贴蓝色对联,第三年贴灰色对联;穿戴孝衣帽不能到邻居家或者喜庆场合……其实都体现了我国人民尊重他人,注重礼仪礼节,以礼待人,注重人际和合的文化心理。

我国传统的丧葬礼俗,并不一味哀悼哭泣和悲伤祭奠,往往会用一些喜庆的元素进行适当的冲抵。在农村举行的葬礼上,披麻戴孝以白色为主,但一些孕妇、儿童等亲朋则会在白色孝衣上饰配一些红色或黄色的布条。在悲凉凄楚的气氛下,会摆放花圈与鲜花以调谐亡亲之痛。一些高龄逝者的葬礼常常被称作"喜丧",会安排鼓乐、秧歌、戏曲、鸣炮以冲淡悲伤的丧葬气氛。与之相反,一些喜庆的婚礼上,反而会有仪式化的"哭嫁"环节,体现了中华先祖的和合智慧。

3. 其他和合风俗文化

和合文化所蕴含的哲理,随处可见。从合理饮食而言,再好吃的美味、再营养富足的食品,大量单一食用既不科学,也不可行,提倡"五谷为养、五果为助、五畜为益、五菜为充"。因此,中餐更讲究食料及烹饪的和合,中国北方的大烩菜、和子饭、疙瘩汤等,无一不是食料完美和合后的美味。中国戏曲会集唱念做打表、手眼身法步、杂技、魔术、书法、绘画、舞蹈、演唱、道白等艺术形式于一体。中国的国画艺术也是集聚绘画、篆刻、书法等艺术于一体。中国风水文化也讲究人与自然和谐相处,选择和营造天人合一气场,为各式建筑选址、定向、布局提供最佳方案,融天文、地理、建筑与造园等文化于一体。和合文化也体现在中国园林建筑、古代服饰等诸多方面。

## 四、管理实践和合文化

许多现代企业在对内管理与对外营销活动中也旗帜鲜明地弘扬与实践和合文化,贯彻与践行和合哲学,构建和合管理体制,营造和合文化,规划实施和合管理战略与策略,以实现和合效果为目标。有企业直接以和合命名,有企业以和合哲学为经营宗旨,有企业注重和合文化的营造。例如北京和合谷餐饮管理有限公司、北京和合物流、北京和合机械有限公司、和合信达文化艺术有限公司、广州和合医疗设备有限公司、苏州和合电子商行、南京和合旅行社有限公司、江西省和合实业有限责任公司、深圳和合电子贸易有限公司、石家庄市和合化工化肥有限公司、上海浦东和合苑小区、石家庄和合大厦……尽管有些行业对"和合"二字的套用略显牵强,但也反映出和合文化深入人心及被我国大众喜闻乐见的程度。

纽曼公司一直致力于以"八和"理念为核心的企业文化建设,即实现与用户、代理、员工、公司、股东、供方、同行、社会八方面和谐的营销理念。[1]温州和合实业有限公司是中国拉链行业的龙头企业之一,其坚持"以人为本,合作双赢"的经营理念;古城丽江有一家和合客栈,寓意于"顺和合美";青岛和合化学有限公司倡导"和气和睦和谐,合力合作合心"的企业精神,追求"健康、增值、快乐、和合"的企业文化。另外,许多企业还把"和合"设计为企业商标和品牌名称。

纵观20多年的研究历程,对和合文化的挖掘研究可以说根深叶茂、枝叶繁盛。其特点体现在以下几个方面。

第一,和合研究视域更广阔、内容更丰富、研究更专深。和合为修身、齐家、治国、平天下各个层面提供了不竭的精神给养和丰富的致用方略。研究涉及和合文化在构建人类命运共同体、全球治理、区域经济规划、县域经济发展、企业经营、项目管理、个人修养等不同层面的话题。

第二,明确的主题性与显著的跨界性相结合。和合文化打破学院边界,跨学科、跨界别、跨行业弘扬与践行。

第三,专深的理论研究与积极的实践应用相结合。和合研究不只是停留在形而上层面,也有学者或企业致力于和合文化在企业文化建设、人力资源管理、海外市场拓展、项目管理等方面的系统思考与践行。

第四,传承与创新相结合。中华和合文化博大精深,体现在诸多领

---

[1]纽曼公司官网。

域，既有丰富的传统文化宝藏值得挖掘研究，又有新的创新性发展需要践行。

## 第四节 对联和合文化与和合文化对联

对联是悬挂或粘贴在墙壁、楹柱上的联语，是我国流传已久的一种文学形式。蕴含和合文化思想的对联也并不鲜见。

### 一、对联和合文化

2008年3月30日，中国楹联学会中华对联文化研究院成立时收到山西作者王子亮的贺联：探讨对仗，对立分阴阳，博采广收，母语架构独特文体；研究和谐，双构生呼应，出神入化，民族天赋和合精神。这一对联可谓一箭双雕，一方面反映了对联这一文体本身所蕴含的和合思想，可谓对联和合文化；另一方面也传达了中华和合文化之思想，可谓和合文化对联。

对联是写在纸、布上或刻在竹子、木头、柱子上的对偶语句，字数相等，结构相同，言简意深，对仗工整，平仄协调，这种语言文字的平行对称，与和合哲学中所谓"太极生两仪"，把世界万事万物分为相互对称的阴阳两半，在思维本质上极为相通。国学大师陈寅恪首先在对联中引进黑格尔关于"正、反、合"的哲学理念，指出上等的对子，必须完整表达"正、反、合"的全部过程。对联的上、下两联，正是"正""反"的天然组合，而全联的中心思想就是"合"的核心。因此，我们可以说，中国楹联的哲学渊源及深层民族文化心理，就是阴阳二元和合思维方法，也可谓哲学层面和合概念的极好写照。

我国对联的创作方法有反复、叠字、拆字、顶真、镶嵌、加减字、双关、转类等。如拆字合字联，"竹寺等僧归，双手拜四维罗汉；木门闲可至，两山出大小尖峰"。上联合"竹、寺"为等，"双手"为拜，"四维"为罗。下联合"木门"为闲，"两山"为出，"大小"为尖。这种题材的对联，巧妙地运用汉字字符的整分和合，在满足对偶、对仗要求的前提下，还含有一定的思想与意境。

叠字联如，"水水山山处处明明秀秀；晴晴雨雨时时好好奇奇"。镶嵌联如，"坐南朝北吃西瓜，皮往东放；自上而下看左传，书往右翻"；"万瓦千砖百日造成十字庙，一舟二橹三人摇过四通桥"。转类法对联如山海关姜女庙联，"海水朝朝朝朝朝朝朝落，浮云长长长长长长长消"。这些构思巧妙的对联都是和合思想在对联创作中极富创意的体现与运用。

## 二、和合文化对联

在我国民间广为流传的大量名联妙对中，和合文化所蕴含的和合处世思想也有着极丰富的体现。

### 1. 佛教和合文化联

寒山寺有一联，上联是"月印千江、非一非异"，意思是不是同一也不是别异，超越一、异的相对相，而臻于绝对境界；下联为"镜含万象、即有即空"，意思是一切有为法都是因缘和合而生，故无自性，即此即是空，非坏灭然后始空等。寒山寺有黄异庵题大雄宝殿联："得人在得心，信佛皈依，俗缘自了；修慧不修福，让他饱食，我钵常空"。"千余年佛土庄严，姑苏城外寒山寺；百八杵人心警悟，阎浮夜半海潮音"。寓含和合佛理的对联诸多，如全国政协原副主席、中国佛教协会会长赵朴初题广东汕头证果寺大雄宝殿一联："报众生恩、报国土恩，广集有缘人，同发大心、俱会一处；行解脱道、行菩萨道，畅游无尽海，高擎法炬、普耀南天"等。

2. 寒拾和合文化联

"寒拾问答"是寒山寺和合精神的智慧体现，充分显示出和合文化蕴含的大智慧与大胸襟。寒山、拾得将尘世间的苦痛化解在笑容中，用微笑来对待人世间的嘲弄和侵扰、不平与争斗，深谙"人生不如意事十有八九"的客观存在，因而引导人们互忍互让，和睦相处。

寒山寺寒拾殿抱柱上的一副楹联道出玄机："座上有寒山拾得，仍是钟声敲佛地；庭中无杂垢嚣氛，何须月影锁禅门"。这对联的释义何尝不是"能忍""能寂""能仁"的和合之意呢！寒山寺另有程德全题联："遁迹笑丰干，从知舌粲莲花，地近虎丘曾讲法；宗风传刺史，幸得诗钞贝叶，劫馀龙寿共藏经"。

在浙江天台县国清寺三贤殿悬有清代寺主宝琳珍祖撰书的对联："为寻古刹耽山水，来访灵踪识圣贤"。也有赞扬三贤其人其诗的对联："看彼貌，道耶，僧耶，隐耶，儒耶，深观毕竟文殊相；读伊诗，雅语，俗语，庄语，趣语，细品无非劝世言"。

南戴河荷园北侧的二仙居供奉着和合二仙的汉白玉雕像，大门两侧的楹联为："和生和立和达和平世界；和爱和祥和谐和乐人生"，其较完整地阐释了和合思想之内涵。杜凡参加2005年天津市组织的海峡两岸楹联诗词大赛的一则对联为："和则合，和和合合，和合二仙佑两岸；团而圆，团团圆圆，团圆万福瑞千家"。

3. 契此和合思想联

有一则反映布袋和尚契此开口便笑、大肚能容的对联流传甚广，可见和合文化出世宽容、豁达礼让的思想流布之广与受广大佛门弟子及信众认可的程度。例如，北京潭柘寺对联："大肚能容，容天下难容之事；

开口便笑，笑世间可笑之人""布袋全空容甚物，跏趺半坐笑何人"。河南洛阳白马寺联："大肚能容，容天下难容之事；慈颜常笑，笑世间可笑之人"。四川峨嵋山灵岩寺："开口便笑，笑古笑今，凡事付之一笑；大肚能容，容天容地，与人无所不容""开口便笑，笑古笑今，凡事付之一笑；大肚能容，容天容地，与己何所不容"。台湾高雄市寿山龙泉寺："大肚能容，了却人间多少事；满腔欢喜，笑开天下古今愁"。湖南武冈山胜力寺联："肚肠宽肥容世界，大大大；心肺冷静笑人生，哈哈哈"。四川乐山凌云寺联："笑古笑今，笑东笑西，笑南笑北，笑来笑去，笑自己原无知无识；观事观物，观天观地，观日观月，观来观去，观他人总有高有低"。山西五台山："大肚能容，容天容地；开口便笑，笑古笑今"。安徽九华山甘露寺："大肚包容，了却人间多少事；满腔欢喜，笑开天下古今愁""笑口相逢，到此都忘恩怨；肚皮若大，个中收尽乾坤"。云南鸡足山钵盂庵："天王人王平等观，安用五体投地；出世入世随宜过，本可一笑付之"。浙江鄞州天童寺："大肚能涵，断却许多烦恼碍；笑容可掬，结成无量欢喜缘"。吉林伊通大孤山寺："一样面貌，饱者不知饥者苦；两副口舌，得时休笑失时人"。上海宝山净寺："佛前都是有缘人，相亲相近，怎不满腹欢喜；世间尽多难耐事，自作自受，何妨大肚包容"。江苏常州天宁寺："大肚能容，包罗万物；开口便笑，和气一团"。江苏扬州兴教寺："笑呵呵坐山门外，觑着去的去、来的来，皱眼愁眉，都是他自寻烦恼；坦荡荡载布袋中，休论空不空、有不有，含哺鼓腹，与斯世同庆升平"。湖南衡阳罗汉寺："大肚能容，问人间恩怨亲仇，个中藏有几许？开口便笑，笑世上悲欢离合，此处已无些须"。广东雷州天宁寺："大肚汉，容天下难容事；苦行僧，笑世间可笑人"。四川成都宝光寺："你眉头着什么焦？但能守分安贫，便收得和气一团，常向众人开笑口；我肚皮这般样大，总不愁穿虑吃，只讲个包罗万物，自然百事放宽心"。甘肃甘谷蔡家寺："慈颜一笑了千事，大肚三通行万船"。成都文殊院大王殿弥勒佛龛前挂的对联为："大肚包罗，现前住位兜率[1]主；微笑圆融，当来出世弥勒尊"等。

在寒山寺天王殿则有性空法师撰写的对联："大肚鼓圆，能容天下难容事；满腔欢喜，迎接世间有缘人"。

4. 民间愿景和合文化联

带有"和"字是故宫的门额与楹联的一大特色，例如太和殿，太和就是和合之意。在民间，和合与福禄寿喜一起常被人们视为对美好生活的希冀，寄托美好祝愿。例如，广东省梅州市兴宁市径南镇星耀村有一副为和真作坊撰写的对联："和合风光随时转，真如春色自天来"，既有和合文化的思想，又有佛家的情怀，已然挂了将近半个世纪。近代古文家、诗人吴恭亨有一副贺汪吉占新婚的对联："但愿和合百千万岁，为歌窈窕一二三章"。常见的祝寿联如："百年和合寿星聚，千载富贵福光满"。贺喜联如："夫妻和合百年好，子孙昌盛万代兴"。

在社会生活中，体现和合思想与理念的对联也有很多。追求个人心理和合的对联如："云从高处望，琴向静中弹"；"知多世事胸襟阔，阅尽人情眼界宽"；"事能知足心常惬，人到无求品自高"；"举步艰危，要把脚跟立稳；置身霄汉，更宜心境放平"。追求家庭和谐的对联如："德门增百福，仁宅际三阳"等。追求邻里和合而处的对联如："择居仁里和为贵，善与人同德有邻"等。注重个人处世修养的对联如："莫笑人短，勿恃己长"；"为公德乃大，无私心自安"等。

中国是礼仪之邦，孝文化则是儒家道德规范中的核心内容，也是长期以来人们立身处世的重要依据。例如湖北孝感公园题联有："纯孝感

---

[1] "兜率"是梵语译音，意为"知足常乐"，佛典上说的真谛。

天地，至情传古今"。

### 5. 其他和合文化联

和合文化散布在儒、道、释等诸多领域，佛界之外的对联中也蕴含着丰富的和合哲学思想。例如，曾国藩有副对联警策："天下无易境，天下无难境；终身有乐处，终身有忧处"，意为顺利时看到危险难处，困难时看到光明前程；艰苦中发现乐趣，愉悦时想到忧患。清朝名将左宗棠在江苏无锡梅园题联："发上等愿，结中等缘，享下等福；择高处立，就平处坐，向宽处行"。

北京白云观因为"长春真人"丘处机驻锡，被尊为全真祖庭。丘祖古稀之年不远万里西行谒见成吉思汗，教以"长生当以清心寡欲为要，治国当以敬天爱民为本"。如上海城隍庙联："做个好人，心正身安魂梦稳；行些善事，天知地鉴鬼神钦"。道教劝善化民、心灵依归的人缘功能在道教楹联中都有着充分的反映。弘一大师也曾有"能受苦方为志士，肯吃亏不是痴人"的箴言对联。

清代河南洛阳古道某茶亭曾有"四大皆空，坐片刻无分尔我；两头是路，吃一盏各自东西"的对联。世间没有一个形体是不生不灭的，人生情缘缘起缘灭，亦复如是。但相逢自是有缘，在聚散无常中，随顺任运，也许伊人踪迹已杳，但依然有茶香回味无穷，有温暖的人情留存在心头。这副佚名茶亭联意写因茶结缘的萍聚之乐和人情之美，表达了四海皆兄弟、无路不顺畅的随意放旷。

清代乾隆皇帝爱新觉罗·弘历在四川峨眉山千佛禅院弥勒殿题联："处己何妨真面目，待人总要大肚皮"。台北市大香山慈音岩大门也题刻此联。有佚名联探因说："眼前都是有缘人，相见相亲，怎不满腔欢喜；世间尽是难耐事，自作自受，何妨大肚包容"，抒发了作者与人和合共处的豁达胸怀。

# 第二章
# 和合管理总论

近年来，我国管理学界对我国传统和合文化的弘扬及其和合功能在组织管理中的发挥多有研究。和合是一项不可或缺但又被管理学界长期忽视的管理职能，规划实施和合管理战略，构建有效的和合体，营造健康有序的和合生态系统，是21世纪市场经济新形势下企业形成核心竞争力的有效途径。[1]

---

[1] 张卫东.一项不可或缺的管理职能：和合 [J].未来与发展，2008,（10）.

## 第一节　和合管理的概念

和合是什么？和合是一个兼爱互动的过程，也是一种和谐互利的状态；和合既是一个会聚均衡的过程，也是一个多赢共生的状态；和合既是管理的手段，也是管理的目标，既是管理的过程，也是管理的结果。

关于和、和谐、和合的英语翻译，国内学者大多用汉语拼音来表示，如果从内涵理解来说，最能体现和合本意的英文单词应该是"Integrating"，即一体化，和合也是一个把两极而多异的事物高度一体化产生和合效益的过程。西安欧亚学院设计博物馆馆长党晟先生在2015年提出欧亚校训时，首先用的是拉丁文"Pluralitas in unitatem"，直译就是"统一中的多样性"，对应的中文是"和而不同"。[1]

首先，和合是一个兼爱互动的过程。《墨子》认为："圣人以治天下为事者也，不可不察乱之所自起，当察乱何自起？起不相爱。"意思是说，人们都自爱其身、自爱其家、自爱其国，这是社会冲突的根源，因此，主张通过兼相爱、交相利来建立和合的社会秩序。"乾道变化，各正性命。保合太和，乃利贞"。世间万事万物都不是孤立存在的，万物按照自己的本性发展自己、成就自己，这是天道变化的结果，在这个过程中，万物若能积极主动、协调并济、互补共生保持最理想的和谐状态、形成最理想的合作效果，这是最好的事情。"保"是要保持住，"合"是万事万物和谐共处的最高状态，"保合太和"是中华文化的最高价值取向。在管理实践中，和合是指在承认不同事物之间的差异或不同的前提下，把彼此不同的事物统一于一个相互依存的和合体中，并在不

---

[1] 胡建波.在旅途中兄弟相认——西安欧亚学院创办人胡建波博士2024年毕业致辞［EB/OL］.中国教育在线，2024-06-22.

同事物和合的过程中，吸取各个事物的优长而克其短，使之达到最佳组合，由此促进新事物的产生，推动事物的发展。和合的目的是求同存异，避免恶性冲突，使事物相互促进、共同发展，在和合各方过程中产生"1+1＞2"的效果。

其次，和合是一种和谐互利的状态。事物是普遍联系的，这种联系可以粗略地划分为和谐相适的关系和矛盾冲突的关系。和合的"和"，就是指各种社会关系的和谐，以及由和谐引发的和平、和顺、和解、和畅、和气及和美等各种关系状态与效果。同时，事物之间的联系是有因缘性质区分的，这种联系按照因缘性质不同可以粗略地划分为合作性联系（相互依存）与对抗性联系（相互排斥）两个方面。和合的"合"，则强调联系的合作性，以及因合作而导致的合拢、结合、融合、配合、整合、组合等状态与效果。和合管理就是一个求同存异与求异存同不断耦合的过程，"同"与"异"都是客观存在的，如果不能求同存异，就无法合作；如果不能求异存同，就无法创新。其关系如图2-1所示。

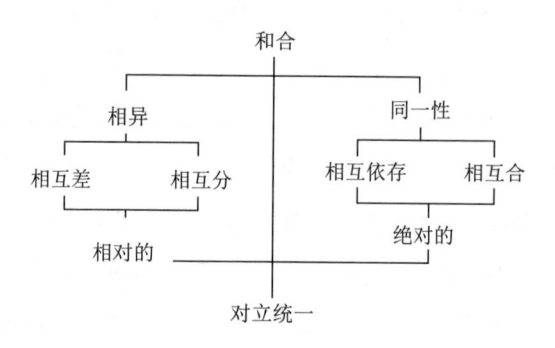

图2-1 和合关系图

再次，和合是一个会聚均衡的过程。正如张岱年先生所说："'和'或谐和谓二个或二个以上之相异者之会聚而得其均衡。"显然，如

图 2-2 所示，和合是一个由差分→对立→合作→和衡不断循环递进的过程，是一个由不均衡→均衡→不均衡→均衡不断循环反复的过程。这个过程正如李平教授所说："东方哲学是一门有关智慧的学科，只有其有能力将悖论从一个消极的问题（即运用二元论，将对立因素分开来解决矛盾）重塑为一个积极的解决方案（即运用双重性，将对立因素部分分离以及部分融合来实现完整性或整体性）。"[1]

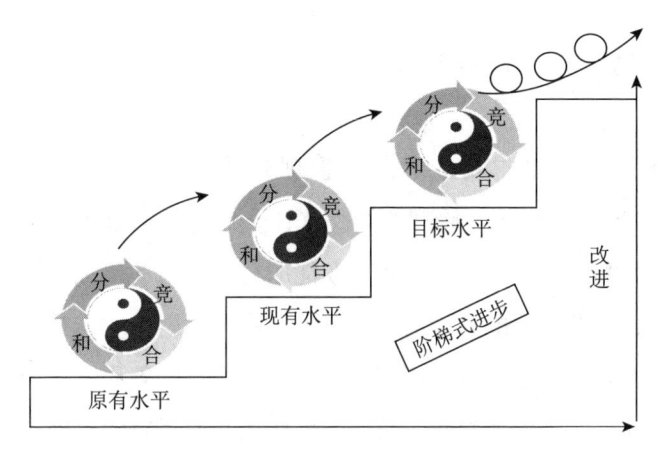

**图 2-2　和合管理递进图**

最后，和合是一个多赢共生的状态。和合既是一个过程，也是一种状态，无论是作为一种状态，还是作为一个过程，它都具有创造新事物、创造新价值的积极的力量。互异个体的交和，是和合哲学的本质体现，正如《周易·系辞传下》所说："天地氤氲，万物化醇。男女构精，万物化生。"人与人之间，贵在彼此成全，相互成就。真正长久的关系，不是只做自己，而是相互成全。做企业也是一样的道理。

---

[1] 李平.东方本土的认知模式对全球的启示——如何将阴阳平衡视角运用于悖论管理研究[J].管理，2021,（1）.

通俗地说，和合管理就是通过构成组织各方的兼爱互动，通过不断的会聚均衡，构建有利于组织生存发展的各正性命、各当其事、各尽其能、各取所需、各得其所、和气生财、和谐互利、多赢共生的均衡关系。和合管理理论的核心内容，就是探求并解决组织如何构建、治理与拓展各方面和合关系的规律性问题。

## 第二节　和合管理职能

职能，即职责与功能。古典管理理论的开创者亨利·法约尔（1841—1925年）认为，管理职能是掌控企业行动的整体规划、建立组织结构、调配各种资源、协调各种职能的行为。法约尔最早认识到管理的普遍性，并把企业的管理活动与技术、商业、财务、安全、会计活动相并列提出来，特别区分了管理职能与其他职能的差异，认为管理职能只是作为社会组织的手段和工具，其他职能与原材料和机器有关，而管理职能只和人有关。

管理职能是一种由组织成员共同行使的职能，包括计划、组织、指挥、协调和控制五个要素。计划是通过预见事件发生的可能性，为意外事件的发生准备必要的武器，以防止企业目标的偏差；组织就是具备六种基本职能的机构，包括物质组织和社会组织；指挥是为了确保组织正常运行，根据企业利益，使其部门内人员最大限度地发挥作用；协调就是各部门能够协同作战，物质资源和人力资源、财政支出和财政收入、厂房设备规模和生产需要、供给和消费、销售和生产，能根据计划随着环境的变化而做出适宜的调整；控制就是要检查核实各项工作是否能遵照行动计划执行，是否和下达的指标一致，是否和已定的原则相符。

法约尔认为，领导就是从企业拥有的资源中寻找尽可能大的利益以引导企业的目标，就是保证六项活动的顺利完成。

美国管理学家哈罗德·孔茨（1908—1984年）把管理揭示为通过别人把事情做成功的各项职能。他认为管理的各项职能应划分为计划、组织、人员配备、领导和控制五项。他认为协调本身不是一种单独的职能，而是应用了五种职能的结果。

社会系统学派的切斯特·巴纳德（1886—1961年）认为，管理就是协调，管理是通过协调他人的工作有效地实现组织目标的过程。管理是维持一个协作系统的专门化工作，其主要职能是制定共同目标、激发协作意愿、提供信息交流。

美国著名管理学家赫伯特·西蒙（1916—2001年）指出："决策是管理的心脏，管理是由一系列决策组成的，管理就是决策。"

以乔治·埃尔顿·梅奥（1880—1949年）为代表的人际关系学派认为，管理的本质是人性的激励、塑造与创造性实现，管理是组织的人性激励。

在20世纪60年代中期，美国管理学者约翰·希克斯（1904—1989年）在总结前人对管理职能概括的基础上，提出了管理的创新职能，认为创新职能可以使组织的管理不断适应时代发展的要求。

和合是组织活动的基础，也是组织活动的核心内容，和合贯穿管理活动的全过程，管理的各项职能中，计划、组织、领导、控制、决策、创新等，其核心内容都是和合，概括而言，具体包括人际和合、身心和合、天人和合（人与环境的和合）、人物和合、物物和合五个方面。正如学者纪光欣等所说：如果说，管理必须有一个明确的本质界定的话，那就是和合管理。[1]

在管理实践中，和合管理是除计划、组织、领导、控制职能之外的一项不可或缺且又被管理学界长期忽视的新职能，构建和合管理系统，规划实施和合管理战略，营造健康有序的组织和合生态系统，有效形成企业"气势磅礴、海纳百川、融突共赢"的和合发展力，是21世纪企业形成核心竞争力的有效途径。

## 第三节　和合管理的内容

和合管理是组织通过营造浓郁的和合文化，全员树立和合思维，以和合人假设为前提，以确立和合人主体地位为条件，面向各利害相关者，发现统一的和合主题，构建和合管理体制与和合命运共同体，广泛实施和合激励，开展和合目标管理，最终取得显著的和合效应的管理活动过程。

### 一、和合管理的保证

实施和合管理的重要保证是从领导到员工，从管理者到被管理者，全员、全过程、全方位树立并运用和合思维。

山西祁县乔家大院，在高四米有余、巍然矗立的砖雕照壁上方嵌有大院第一块匾额，上书"尊古"二字。这既是针对人们常说的"世风日下，人心不古"而题，也是对乔家家风的一个注脚。照壁正面有三代帝

---

[1] 纪光欣, 宋红燕. 以中致和：管理的和合本质追问——基于传统和合思想的阐释 [J]. 领导科学, 2021, (6).

师祁寯藻所题对联："经济会通守纪律，言辞安定去雕镌"。上联写经国济世者，首先得讲诚信，遵章守纪，融会贯通；下联写为人之道，言行一致，去除刻意雕琢，沉稳泰然，大道至简。这副对联所述，也是乔家历代信守的准则：从磨豆腐开始，到雄踞包头城，纵横万里茶路，再到货通天下、汇通天下，一步步做到富甲一方且兼济苍生，历二百余年经久不衰的从商、守业之道。

撰联人是诗书大家祁寯藻，他是山西晋中寿阳人，一生勤政爱民，政绩卓著。祁寯藻跨嘉庆、道光、咸丰、同治四朝为官，为道光、咸丰、同治三代帝师。不论为商还是为官，首在为人。此联语中正平和、气度雍容。文如其人，遥想帝师当年，与乡贤乔家必是惺惺相惜。

笔者将下联改为"管理至善谋和合"，用意在于潜移默化，使管理学子能够意识到、认识到、领会到在管理实践中谋求和合的重要性，管理各过程、各阶段、各环节、各领域无不以和合为手段与目标，可以说"无管理不和合、无和合不管理"。

## 二、和合管理的前提

和合管理的一项基本前提是和合人假设，即对人的和合性的认同与肯定，也就是认同并贯彻"人客观地具有和合属性"的管理理念。

通俗地说，和合人性就是人所具有的既追求"各正性命"的个体目标，又能与其利害相关者"和谐相处"与"合作发展"的内在的心理趋向与外在的社会属性，即人所客观具有的"可以和合"与"愿意和合"的属性。这种属性既具有客观性与本质性，也具有实践性与可行性。社会生活中，所谓的"人心思安""爱好和平"都是和合本性的体现。和谐社会的形成需要人的两种精神素质：释放性的精神和规范性的精神。承认人的和合本性，并不是否认人追求自我的释放性精神的存在。这是因为，和合的本质就是既要体现主体"各正性命"的意识，也蕴含着团结协作、融突共生、圆融统一的思想内核。

### 三、和合管理的条件

和合管理的条件是确立并尊重和合人的主体地位。和合人是指能与其他主体互动实施和合行为的个人或组织，是指享有独立权益，愿意并能够与其他权益主体围绕某一共同的和合主题，积极主动地构建和合体的组织或个人。

"夫和实生物，同则不继，以他平他谓之和，故能丰长而物生之；若以同裨同，尽乃弃矣"（《国语·郑语》）。不同性质的东西相加称作"和"，和能生成新事物；相同性质的事物相加称作"同"，同则产生不出新事物。可见，和合哲学主张：每一个个体的确立并不必然造成对他者的否证，和合是一种基于自由个体的和合。因此，和合主体是享有独立权益，愿意并能够与其他权益主体围绕共同的和合主题，积极主动地构建和合体的组织或个人。和合主体必须享有独立的权益，否则便很难与他人产生有效的和合行为。在奴隶社会，作为奴隶的劳动者并不拥有自身劳动力的占有权与支配权，对自身劳动力投入的方向、内容、数量以及质量也没有决策的权力，劳动的收益也不属于自己，和合对他而言没有丝毫的意义可言。此时的组织行为，如果有和合的存在，则是一种完全取决于外力的和合，与物物之和合没有什么区别。在封建社会、资本主义社会、社会主义社会，劳动者对自身劳动力享有的独立主权越来越丰富，因而对其和合行为的管理也就越发的重要。和合主体可以是个人、组织，也可以是一个国家，但和合主体必须是有权力、有能力主动实施和合行为的主体。

### 四、和合管理的对象

组织活动中，和合管理的对象是与和合人构成利益或损害相互关联的利害相关者，与这些利害相关者的和合可以实现主体趋利避害的目的，也是和合主体实施和合行为的根本动力。而企业内部的利害相关者，主要是企业组织结构各层级中的被管理者。对于企业外部的利害相关者，哈佛大学麦克尔·波特教授在其经典著作《竞争战略》中提出制约行业竞争的五力模型，即现有的竞争者、替代产品竞争者、潜在的入侵者、买方、供应方五个方面。[1]因此，企业就要"化敌为友"，规划实施和合管理战略，通过和合管理淡化竞争、包容竞争、回避竞争或者暂时搁置竞争，努力创造合作的机会、合作的项目、合作的时机以及其他各种合作的可能性，以趋利避害，有效实现组织目标。显然，和合对象不同，适用的和合管理方式与手段也应有所不同。

### 五、和合管理的使命

和合管理的使命是发现或构建统一的和合主题。和合的根本目的是"各正性命"，人的任何一种行为都源发于这"各正性命"的某种需要。因此，和合主题是指，和合主体在特定的情境下，为了完成特定的战略任务或者实现特定的战略目标，从而满足自己的某项需要或实现自己存在的价值，规划与选择的能够与其他权益主体达成有效契合的核心任务或共同解决的核心问题。任何一个组织的形成，都应该有一个统驭全局的和合主题，否则，组织目标就难以有效实现。良性的组织有着积极的和合主题，如众志成城、同仇敌忾、心心相印等；反动的组织则有着消极的和合主题，所谓狼狈为奸、臭味相投等。求同存异、寻找共同语

---

[1] 迈克尔·波特. 竞争战略［M］. 陈小悦, 译. 北京：华夏出版社, 2005.

言、寻找共同的利益基点，都是指和合各方对可能达成一致的和合主题的探求。

和合管理不同于时下管理学界倡导的人本管理，人本管理理论致命的缺陷是：理论上理想化地确立被管理者的主体性、主动性地位，实践上却尴尬地致管理者于左右为难的境地，同时被管理者也并未真正摆脱受管理者奴役差使的工具地位。对于被管理者到底是人性本恶的 X 型人，还是人性本善的 Y 型人，抑或随机应变的 Z 型人，管理者一筹莫展。管理者到底该实施"胡萝卜加大棒"的管理措施，还是贯彻实施"大献殷勤"的人本管理，似乎并非他自己所能把握得准的。和合管理则为管理者开出一剂良方——发现管理者与被管理者一致的和合主题，围绕这一和合主题，与被管理者构建有效的和合体，实现共同的目标，满足各自的需要。这就要求，作为管理者的一方，不能权力本位地盛气凌人，随意把自己的意志强加于被管理者身上，必须与被管理者通过沟通由相互了解到相互理解，由相互理解到达成共识，由共识到共鸣，由共鸣到共振，以消除不可避免的差别所产生的矛盾与冲突。人本管理强调尊重并充分考虑组织中每一个人的需要，但正如西方经济学中的合成谬误原理所言，个体的理性可能导致群体的非理性，个体的最优选择可能会带来群体的最差结局。

这就需要通过和合管理，发现并形成组织一致的和合主题，促使组织成员心往一处想、劲往一处使，形成强大的向心力与凝聚力。

稻盛和夫把企业的目的明确为：在追求全体员工物质和精神两方面幸福的同时，为人类社会的进步发展做出贡献。无疑，这就找到了管理者和被管理者、老板和员工的共同话题、共同利益、共同需求、共同目标、共同追求和梦想。

### 六、和合管理的方式

和合管理的方式是通过和合管理体制的构建形成一个融突共赢的和合体。在企业经营管理实践中，屁股决定脑袋，老板往往喊冤叫屈，觉得自己披荆斩棘开拓业务、殚精竭虑管理企业，既要考虑房租水电，还要协调处理方方面面的关系，发工资养活了员工，员工却不领情，也不懂得感恩戴德、知恩图报。作为管理对象的员工，往往也是牢骚满腹，总觉得自己拿到的工资远远低于自己创造的价值，总觉得自己是老板盘剥的对象，一副打工人心态，下班后一概不考虑工作的事情。老板总觉得发给员工的工资多，员工付出的劳动、创造的价值少；员工总觉得自己付出的劳动多、创造的价值大，拿到的工资少。

企业如同一艘行进的大船，需要营造一种同舟共济的和合文化，需要构建一个将管理者和被管理者维系在一起的命运共同体。

和合管理强调管理者与被管理者在企业组织中是一个融突共赢、相互依存的统一体，两者只是职业角色与分工不同，不存在等级权益对立的差别。组织活动实践中，理性的被管理者并不排斥和抵触管理者的出现，而是期盼"好领导"出现，惧怕"兵熊熊一个，将熊熊一窝"的情境出现。

人们之间和合的方式或和合的结果是构建一个和谐有序、合作共赢、融突相依，实现和合体成员共同利益的和合体。和合体可以有多种形式，如正式组织、非正式组织；工作小组、工段、班组、车间；部门、企业、企业生态系统等。从广义来说，社团、婚姻、家庭、联合体、协会等都是和合体的存在形式。

在长达 60 多年的经营中，经历了各种各样突如其来的经济危机，但稻盛和夫的企业从没有因经济危机解雇过一名员工。全体员工团结奋斗，创造了企业从无亏损且高收益并在萧条中持续前进的奇迹，其原因就在于构建了一个融突共赢的和合体，这不仅是物质利益的和合体，还是精神理念的和合体，这个和合体的本质是管理者与被管理者的命运共同体。

只有构建了和合命运共同体，企业员工才能摒弃打工者心态，树立主人翁意识，把企业看作自己的企业，把企业看作自己的衣食父母，把企业看作自己的儿女，出主意，想办法，全身心投入，团结一致，为企业的繁荣发展而拼命奋斗。

如何让想法相反、利害对立的管理者和被管理者团结一心，一起思考如何提高企业的收益，这是管理者最头痛的问题。稻盛和夫为了践行追求公司员工物质和精神幸福的经营理念，将组织和工作细分，让所有员工都关注并直接参与经营，都承担经营指标，并把每天的工作用数字呈现出来。通过这种阿米巴经营的训练和实践，让员工都成为经营者，这就有效地解决了企业最大的难题，实现了"保合太和，乃利贞"的目的。管理者与被管理者之间也不再是利害对立的竞争关系，而是协力同心、和衷共济的伙伴关系。稻盛和夫所说的这种经营哲学，其实就是和合管理哲学，他所推导的阿米巴经营不失为贯彻和合管理哲学的有效技术方式，其管理实践无疑是和合管理实践的典范。

## 七、和合管理的活力

和合管理的活力在于营造和合文化，倡导和合激励。激励是管理活动中不可或缺的措施之一，激发对方内心的需求、激活对方内在的动机，促使对方实施你所预期的行为，产生你所预期的管理效果。受西方管理学影响，管理学界所倡导的激励活动基本上是一种自上而下的，由管理者到被管理者的单向度激励。这种单向度的激励存在诸多缺陷与不足。

2023年有一个十分流行的网络用语——"双向奔赴",入选《咬文嚼字》编辑部公布的"2023年十大流行语"。这个词所蕴含的理念最初源于法国存在主义作家、女权运动创始人之一西蒙·波伏娃在其《越洋情书》中的一段话:"我渴望能见你一面,但请你记得,我不会开口要求见你。这不是因为我骄傲,你知道我在你面前毫无骄傲可言,而是因为,唯有你也想见我的时候,我们见面才有意义。"后来电视剧《想见你》引用了这段话,于是"双向奔赴"这个词开始被广泛使用并流行。

"双向奔赴"意指两个人或两个实体为了共同的目标或事情一起努力、相互靠近,它着重强调双方都有意愿和行动去接近对方,共同努力实现共同的目标或愿望。这个概念的使用范围不仅限于人与人之间的恋爱关系,还扩展至人与企业、人与社会、国家与国家之间等,体现了人们对于平等、相互尊重和共同成长的追求。这便是人际关系、社会关系、组织管理的最佳和合状态——"双向奔赴"。

2023年11月,中美元首旧金山会晤期间,在美国友好团体联合欢迎宴会上,习近平主席在演讲中说:"正是善意友好的涓滴汇流,让宽广太平洋不再是天堑;正是人民的'双向奔赴',让中美关系一次次从低谷重回正道。"真挚的话语,引起了现场听众的强烈共鸣。

"双向奔赴"所蕴含的理念哲学,正是和合管理所倡导的和合激励的理想状态。

## 八、和合管理的任务

和合管理的任务是实施和合目标管理。目标管理最早由美国管理学家彼得·德鲁克于20世纪50年代提出,亦称"成果管理",类似于我国管理实践中所称的责任制。这一管理方法一方面重视人的作用,有意识地引导员工自主参与目标的制定、实施、控制、检查和评价,在员工的积极参与下,自上而下地确定工作目标,并在工作中实行"自我控制",自下而上地保证目标实现。

但是,管理实践中,组织活动各行为主体都有其或明显或潜在、或内隐或外露、或短暂或长远、或直接或间接、或物质或精神的行动目标。和合管理最基本的任务就是把管理者的个人目标、被管理者的个人目标、组织目标一致化成基本统一的和合目标。和合目标管理既是实施目标管理的前提,也是实施目标管理的基础,更是实施目标管理的保障。

### 九、和合管理的目的

和合管理的目的是产生显著的和合效应[1]。《资治通鉴》中提到:"用人如器,各取所长""舍其所短,取其所长"。和合是对和合双方都有益的互动、互利行为和整合资源的过程,因此,和合效应是指和合各方通过和合行动实现和合主题指向目标的程度。和合效果评价主要的依据是是否实现和合双方双赢以及实现双赢的程度,一方受益、另一方受损或者双方都不受益的和合行为是无效的和合行为,或者从本质上说并不属于和合行为的范畴。对此,我们可以通过如下模型进行分析。假设A、B两个和合人形成一致的和合主题,以满足各自的某项需要。假设A企业在与B企业构建和合关系之前,就和合主题方面的某项需要可以获得的效用值(需要满足程度)x 为 $a_0$,B企业与A企业在构建和合关系之前,就和合主题方面的某项需要可以获得的效用值 y 为 $b_0$,A企业在与B企业构建和合关系之后,A企业获得的效用值为 $a_0+m$,B企业获得的效用值为 $b_0+n$。最佳的和合效果就是:对A企业而言,m＞0,

---

[1] 张卫东,薛黎明.基于和合管理理论的企业社会网评价研究[J].科技进步与对策,2009,(13).

且 m 趋向最优；对 B 企业而言，n＞0，且 n 趋向最优；对和合体而言，m、n＞0，且在和合周期内（m+n）趋向最优，这便是和合效应导致的最优和合效果。由此可见，m、n 的赋值决定着和合的效果，和合的效果决定着和合体的稳定性及寿命周期的长短。

## 第四节 和合管理的基本过程

和的概念不仅反映了一个组织、一个社会的理想的运行秩序，而且反映了达到这种秩序的内在平衡机制。组织活动中，企业内部各利益主体之间以及组织外部各利害相关者之间的和谐与合作，一直是管理理论研究的核心问题和管理实践重视的关键问题。和合管理主要包括和谐管理与合作管理两个方面。和谐的目的是合作，合作的前提是和谐。如图 2-3 所示，企业与其利害相关者之间具有合作性关系，则有针对性地开展合作营销活动，围绕某一合作主题，建立合作系统；如果与其利害相关者之间属于对立关系，则要有针对性地开展和谐营销活动，化干戈为玉帛，寻求合作机会，建立合作系统；合作系统运行过程中，如果各方面关系和谐有序，则要加强合作管理，以确保合作系统健康有序运行；合作各方面常常会发生一些冲突，则要采取各种和谐管理手段，化解危机，消除冲突；从而使得合作系统升级为和合系统，并进一步开展以合作营销与和谐营销为战略内容的和合营销，以及进一步规划实施以和谐管理与合作管理为主要内容的和合管理，以使系统围绕和合主题实现螺旋式上升，不断升级进步，有序提高。

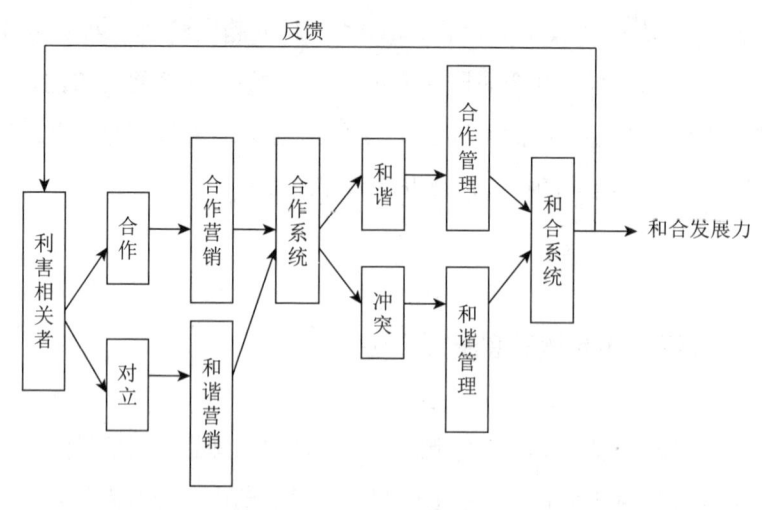

图 2-3　和合管理实施过程

## 一、合作管理

"管理的载体是组织"，组织是指两个或两个以上的人为了实现共同的目标而组合成的有机整体。管理实践中，一方面，组织成员由不同的利益主体构成，在组织活动的某一局部必然会出现各种各样的利益冲突，同时，这些组织成员在思想观念、行为方式、文化背景、知识素养、道德操守、个性特征等诸多方面存在诸多差异，出现这样那样的冲突既是客观的也是现实的问题；另一方面，所有组织成员又必须按照一定的方式相互合作，共同构建一个有机整体，才能实现他们共同的目标。可以说，组织就是由许多不同形式、不同性质、不同内容、不同主题的合作体（或称合作系统）构成的更高一级的合作体。构成合作体的各合作主体的利益追求与合作体的利益追求的一致性程度直接决定着管理的效率。正因为人类组织化生存方式的客观必然性，和合管理既是必需的，也是重要的，这不仅涉及组织目标的实现，而且关系到人在企业中的存在状态。这就要求管理者，一方面要认可人性和合的理念，并把它作为管理理念的核心，即关注每一个个体的存在状态，各正性命、以人为本；另一方面，则要以和合的管理理念来化解或转化利益上出现的差异与冲突，这便是一个和合管理的过程。

**二、和谐管理**

国内学者席酉民及其团队的和谐管理理论是一种应对复杂多变环境下经济社会发展问题的管理理论，具有整合东西方管理智慧、紧密结合具体的管理情境、创造性地解决复杂问题等特点。为了实现管理的预见性和有效性，让社会经济系统处于和谐运行状态，和谐管理理论根据"物"和"人"两种管理对象的不同，将"和谐"二字做了拆分："和"对应人及其心理感受，解决"人"的问题所导致的高度不确定的管理问题，即我们常讲的艺术管理；"谐"是指通过对制度、流程等进行理性设计和优化，解决"物"的问题所产生的相对确定的管理问题，即我们常讲的科学管理。将"和"与"谐"两种手段进行动态匹配，经济社会发展就会处于相对和谐的状态。[1]

在我国传统文化中，有许多体现着和合管理思想的经典案例，三国时期诸葛亮七擒孟获，终使孟获心悦诚服，跪地起誓决不再反；诸葛亮委派他掌管当时所谓的"南蛮之地"，从此便不再为此地担心而专心对付魏国；诸葛亮辅佐刘备，实施联吴抗曹的战略，方形成与曹魏、孙吴三国鼎立之势；管仲辅佐齐桓公"九合诸侯，一匡天下"，成为春秋时的第一位霸主；策士苏秦、张仪谋划的合纵连横战略；等等。和合管理的过程，就是企业核心竞争力形成、培育、提升并发挥作用的过程。例

---

[1] 席酉民，刘鹏．和谐管理理论及其应用［J］．前线，2022，（9）．

如，在我国明清两代称雄达 500 余年的晋商，其成功的主要原因之一就是通过和合管理使东家（资本所有者）、掌柜（职业经理人）、伙计（员工）、合作者、竞争者等利害相关者形成有效的和合生态系统。再如，纽曼公司一直致力于以"八和理念"为核心的企业文化建设，即实现与用户、代理、员工、公司、股东、供方、同行、社会八方面和谐的营销理念。这八个方面中，前七个都与纽曼的企业发展有直接关系，而最后的社会则是一个附加理念，就是社会责任感。

在 21 世纪网络经济条件下，以战略性合作为导向的企业市场经营活动中，企业和合管理的能力与水平决定着企业持续发展及在市场竞争中的前景。从某种程度上说，在 21 世纪市场经济新形势下，企业实施和合管理的能力与水平正是其不战而胜的最强大的核心竞争力。

# 第三章
# 和合思维

和合在哲学上是一个宇宙论的理念，重视和合、追求和合是博大精深的中华文化的精髓，推崇和倡导和合，是传统中国的重要历史文化表现。同时，和合文化是中华民族繁衍几千年最有生命力的人类文化认同，其所体现的价值取向、行为理念、本真意境、至善修养、尊人意识、包容胸怀，对于集成和完善中华民族精神也具有不可忽视的意义。

## 第一节　和合思维的概念

武汉大学左亚文教授认为：和合思维是中华和合文化传统的内在精髓和灵魂，与西方注重矛盾思维的传统相比，它以对立和谐与系统和谐为观测视域和理论致思，体现了独具特色的东方智慧。中国的和合辩证思维不仅具有朴素的"对立相和"的辩证法思想，而且包含了朴素系统论的思想萌芽。和合不仅是阴阳和谐、对立和谐，而且是杂多和谐、系统和谐。"以土与金、木、水、火杂，以成百物"（《国语·郑语》），故和作为多样性的统一，它又表达了系统论的基本要点，"和实生物，同则不继"的命题所概括的实质上是系统论的基本思想。

云南行政学院黄静教授认为：和合思维是和而不同的思维方式，是以中和观念为核心，强调天人合一为本的多元居中致和思维，是一种"仇必和而解"的思维方式。

所谓和合思维，就是把客观世界看作由不同的各个部分、各种要素相互联系、和谐共存、相互作用构成的有机统一的整体，并能够积极主动通过相互交合、融突共生解决问题的思维方式。

和合思维的哲学基础是矛盾论、系统观和整体观。其有五个显著特点：①尊重差异、承认不同，能充分认识到事物多样性的积极意义；②善于发现不同事物或者事物不同的组成部分之间的有益联系；③认为不同种类、不同性质的事物相互组合能够形成有机统一的整体，可以创造新的价值、产生新的事物；④善于多角度、多途径、发散性地想象各种可能的结合；⑤超越时空、大范围、大跨度地想象各种可能的组合。中国古代的"天人合一"思想就是和合思维的产物。

在和合思维的影响下，中国传统文化注重人与人、人与社会、人与自然之间的关系，注重把握事物发展的整体，注重集体主义；主张"协和万邦""天下为公""天下大同",崇尚和平。

## 第二节　和合思维的核心内容

概括而言,和合思维的核心内容包括和而不同、各正性命、执两用中和行权致和四个方面,其他思维皆是这四方面内容的扩展延伸和灵活应用。和而不同是基本遵循与指导,各正性命是目标与效果,执两用中是具体方法与战略,行权致和是实施过程与手段。

### 一、和而不同

首先,和而不同思维承认事物客观地存在着丰富性、多样性与差异性,强调异质相济、包容兼顾、多元共生。传统文化中的和而不同思想体现着对多样性的包容与兼顾。孔子认为"君子和而不同,小人同而不和"。作为一种理想状态,和而不同要求同一性与多样性的和谐统一、矛盾之间的相互协调,其思想被广泛运用于分析自然、社会、伦理问题,成为对世界理想状态的抽象概括,在中国文化语境中具有重要意义。在处理自然关系、社会关系、人与人的关系、人与自我的关系时,坚持弃"同"取"和"的原则,这是达到"和实生物"的应有选择。同而不和则不承认矛盾和差异,唯我独尊,试图以一元去统一多元。

其次,和而不同思维鼓励创新,激励多元,强调百花齐放、百家争鸣。在老子、孔子之前二百多年,有一位伟大的思想家,即西周末年的周太史伯阳父,亦称史伯,史伯的言论见于《国语》。"和实生物,同则不继"就出自《国语》,意指实现了和谐,万物即可生长发育,如果完全相同,则无法发展、继续。老子描述了"和实生物"的过程:"道生一,一生二,二生三,三生万物。万物负阴而抱阳,冲气以为和。"经过和合,产生新的事物。正如寒山寺和合文化研究院姚炎祥教授所言：和合就是一个不断创新的过程,是世界万物生生不息演化的规律。

最后,和而不同思维注重不同事物的和谐与平衡。史伯讲："以他平他谓之和,故能丰长而物生之；若以同裨同,尽乃弃矣。"平,是把不同性质的东西结合起来,使它们得到平衡和谐,万事万物才能丰长化育、生生不息,如果是将完全相同的事物匹配在一起,那事物就会枯竭不继。

## 二、各正性命

"乾道变化,各正性命"(《周易》),意思是说,天道在不断运行变化中,万物各自按照自己的内在规律发展。强调万物各自按照其内在规律发展的重要性,体现了天道变化与万物各自命运之间的和谐统一。

首先,各正性命思维的首要内容就是"奉天承运"。"奉天"是遵从天意,"承运"是要继承新生的气运。对于管理而言,无论是管人还是理事,都要遵循天道、顺应规律,不失天时,巧得地利人和。

其次,各正性命思维的核心思想是以人为本。"天命之谓性,率性之谓道,修道之谓教"(《中庸》)。人的本性是上天所赋予的,遵循着本性行事发展就是道,把道加以修明并推广于众就是教化。这才是以人为本的应有之义。"夫霸王之所始也,以人为本。本治则国固,本乱则国危"(《管子·霸言》)。这是"以人为本"首次出现。意思是说霸王之业的开始,以人为本。坚持这个根本,国家就巩固；背弃这个根本,国家就处于危险的境地。

再次,各正性命思维的至高追求是各得其所。管理者应该认识到,万物各有各的性命,各有各的存在价值,各有各的位置,管理的至高追求应该是万事万物皆能如其所愿得到适当的安排,即人适其事、事适其人,人尽其才、才尽其用。

最后,各正性命思维的本质要求是辩证思维。辩证思维是一种要求我们以客观、联系、发展和系统的方式观察事物的方法。它帮助我们把握事物的本质和发展规律,并找到解决问题的方法和途径。

天道变易给组织带来的影响可以分为有利和不利两个方面:有利的是机会,不利的是威胁。组织性命面对天道变易呈现两种态势:一种是优势,另一种是劣势。将组织性命与天道易变有机地结合起来进行系统分析,用系统分析的思想,把四方面因素相互匹配进行分析,从而可以明确组织战略目标、方向与类型。"故天之生物,必因其材而笃焉。故栽者培之,倾者覆之"(《中庸》)。意思是说,上天生养万物,必定根据它们的资质而厚待它们。能成材的得到培育,不能成材的就遭到淘汰。

### 三、执两用中

执两用中出自《中庸》第六章:"执其两端,用其中于民。其斯以为舜乎!"是说要根据不同情况,采取相适的办法。朱熹在《中庸章句》中注释:"两端,谓众论不同之极致,盖凡物皆有两端,如小大、厚薄之类。于善之中又执其两端,而度量以取中,然后用之,则其择之审而行之至矣。然非在我之权度精切不差,何以与此?此知之所以无过不及,而道之所以行也"(《四书集注·中庸》)。事物都有两端,两端即事物矛盾的对立双方,不可只执一端,那样是有害的。执两用中就是要先执"过"与"不及"这两端,然后取法乎中,不偏不倚,防止极端化。执两用中思维要求人们在生活、工作、为人处事、治家治国时,把握好事物矛盾的两个方面,认识和处理好矛盾双方的相互对立、相互依存、相互转化的辩证关系，不走极端，认识并把握好事物存在、发展、转化的分寸与火候。所谓"喜怒哀乐之未发，谓之中；发而皆中节，谓之和。中也者，天下之大本也；和也者，天下之达道也。致中和，天地位焉，万物育焉"（《礼记·中庸》）。孔子也坚决反对走极端和墨守成规，他认为："子绝四：毋意，毋必，毋固，毋我"（《论语·子罕》）。坚决反对主观臆断，固执己见，刚愎自用，唯我独尊。

《礼记·中庸》将"中"概括为处理万事万物的根本："中也者，天下之大本也"。理学家程颐认为"不偏之谓中"，即不左不右、不上不下，恰到好处、无过而无不及。孔子认为，凡事叩其两端而中便是正道，"过，犹不及"。在中华传统文化中，"中"一般有中道、时中和适中三层含义。中道，即遵循合理的制度和规律，讲的是"中"的标准或尺度；时中，即具体问题要具体分析，强调在不同的时空条件下，要随时权变以合于中；至于适中，强调的是"执两"，即不偏执、不走极端。

### 四、行权致和

权，即权变，"执中行权"是实现和合的重要保证。《礼记·中庸》说："君子之中庸也，君子而时中。"中道需要根据实际情况而有所权变，"执中"辅以"行权"才是完整的中庸之道。孔子认为，既要事事依道而行，又要不囿于常规，随时通权达变。事物的发展变化和多样性，决定了需要根据实际情况做出适中的判断，用适当的方法解决具体的问题。

致和，即以和合为管理的理想目标。董仲舒在《春秋繁露》里赞道："天地之道而美于和""天地之美莫如和"。孔子在《论语·学而》中云："礼之用，和为贵。先王之道，斯为美。小大由之，有所不行。知和而和，不以礼节之，亦不可行也。"以尧、舜、禹、汤、文、武、周公等为代表的治国之道，最突出的特点是以和为出发点和归宿，和合思维是开放的思维，倡导包容、共生共融，是事物易变的最理想途径。

## 第三节　网络经济时代和合管理新思维

网络经济就是建立在网络基础上并由此所产生的一切经济活动的总和。21世纪以来，人类社会进入网络经济时代。互联网是由众多点相互连接起来的，非平面、立体化的，无中心、无边缘的网状结构。网络经济打破了时间和空间上的限制，将世界变成了一个"地球村"，大大加快了世界经济一体化的进程，各国的经济依存度增强了，世界经济一体化只有在网络经济下才变得可能。网络经济也是一种完全开放的经济，全球经济贸易往来的广度与深度将因此而拓展。互联网虽然在技术上实现了跨越时空的可能，但在短时间内，在实现打破文化差异、社群隔阂、社会差别等方面还存在较大困难，为此，政府、企业、社团乃至个人等各类社会主体，在网络经济时代必须树立和合思维，以实现求同存异、和平共处、携手合作。

互联网思维是基于网络经济的技术特征与社会特征思考解决问题的一种思维模式。以企业为例，互联网思维是在互联网、大数据、云计算等科技不断发展的背景下，对市场、用户、产品、企业价值链乃至对整个商业生态进行重新审视的思考方式。真正的互联网思维是对传统企业价值链的重新审视，体现在战略、业务和组织三个层面，以及供研产销的各个价值链中。互联网思维所体现的开放、共享、创新、探索的精神和心态，实质上就是一种和合的理念与思想。

## 一、人本和合思维

人本和合思维就是尊重各方独立、平等与自主的和合思维导向。从技术的角度分析，一个网状结构的互联网，既没有中心节点，也不是一个层级结构，不同的节点虽然有不同的权重，但没有一个节点是绝对的权威。这一技术结构决定了互联网内在的精神，即去中心化、分布式与主体平等。平等、开放也就意味着民主和人性化。和合思维的核心思想就是尊重差异、和而不同，表现为对各个利害相关者的尊重和与各个利害相关者的合作。如果缺乏和合思维，必然导致以自我为中心的行为，也很难获得和合与合作的效益。

## 二、平台和合思维

人们之间和合的方式或和合的结果是构建一个和谐有序、合作共赢、融突相依，能实现和合成员共同利益的和合体。网络经济时代，和合不再是两级主体或多级主体的和合，和合的对象越来越多，可能涉及成百上千、成千上万，甚至百万、千万、上亿个主体，和合方略也越来越复杂，因此，和合管理就需要树立平台和合思维，即借助或通过平台连接不同的参与者（供应商、消费者、合作伙伴、竞争者、政府、社会等），实现资源整合、价值共创和共享。

网络经济条件下，各方主体有条件也必须构建一个赖以生存发展的平台，这个平台是一个开放的、多主体共赢共享、互利共生的生态圈，这是互联网思维的重要内容之一，也是和合思维的重要体现。正如易宝支付联合创始人余晨认为，互联网革命的真正意义，就是提供了一个没有摩擦、没有阻碍、没有边界的平台。试想，若没有和合的思维，则既没有可能也没有必要构建这样一个没有摩擦、没有阻碍、没有边界的平台。

构建和合平台的关键是建立各种链接，不仅包括人与人之间的链接，还包括人与物、物与物之间的链接，借助网络技术，空间范围越来越广，链入链出主体也越来越多，和合活动的规模也越来越大，通过和合平台的建立，能够实现资源整合和价值的增量与创新。平台思维需要建立在互信和合作的基础上，和合主体应该树立共赢的合作观念，与参与者保持良好的合作关系。同时，也需要建立相应的制度和机制，确保各方的权益得到保障，并推动共同发展。

### 三、跨界和合思维

跨界和合思维，是指打破固有的行业、类别、属性、领域等有形或无形的界限，寻求多维度、多取向的和合发展，跨界和合是一种资源的重新整合与重新配置。和合文化是一种包容、多元和开放的文化，和合哲学的核心思想就是具有天然差异的事物共生互补，协同发展，实现跨界和合发展。

跨界和合，首先要在思想和行动上打破原有的界限，寻求新的和合对象、新的和合方式、新的和合内容。只有成功破界，建立新的和合关系、构建新的和合方式、确定新的和合内容，才会有创新性突破，进而产生新的和合效果。例如，茅台酒和瑞幸咖啡跨界联名"酱香拿铁"，首日销售额破亿；原神和喜茶的联动让喜茶销量飞速上涨；海底捞在火锅之外还创新性地提供美甲服务，让消费者获得舒适的体验；故宫博物院不仅开发旅游，还持续推出优质文创产品。这些成功都是跨界和合的产物。就像不同的男女结合会生出不同的子女一样，不同元素的组合，有可能创造不同的价值。

其次，跨界和合也是一个求同存异和求异存同相结合的过程。道不同不相为谋，跨界和合的前提与基础是门当户对，即不同的和合主体有着"三观"一致的精神追求与彼此契合的行动取向。但是，和合的禁忌在于"若以同裨同，尽乃弃矣"，求同是寻找跨界合作发展的共同语言，求异才是和合的本质与追求。因此，跨界和合需要发现双方互补足以共生、相异却能共赢的差异。

随着互联网和新科技的发展，很多产业的边界变得模糊，互联网企业的触角已无孔不入。未来竞争中成功的企业一定是能够同时在科技和人文的交汇点上找到自己的坐标，手握用户和数据资源，敢于跨界创新的组织。

### 四、竞争和合思维

和合并非没有竞争，也不等于不需要竞争，有竞争才有合作，合作是为了更好地竞争，从某种程度上说，竞争是和合的一种形态或方式，和合既是一种高层次的竞争，也是一种高层次的合作，和合是合作性竞争，也是竞争性合作。但竞争不再是你死我活的竞争，不再是零和博弈，而是一种可以实现双赢或多赢的正和博弈。这是因为，只有竞争才能激发和合主体创新的活力与动力，如果只是一味和谐共处，既没有竞争，也没有合作，那不是真正的和合。

和合是一种互利的状态。共享经济一般是指以获得一定报酬为主要目的，基于陌生人且存在物品使用权暂时转移的一种新的经济模式。共享经济能否发展，取决于三个核心要素：资源、平台和信任。资源是共享的对象，平台是实现工具，而信任则是共享的前提。显然，这一应用经济模式也是基于和合思维的一种互联网经济新形态。

### 五、命运共同体和合思维

命运共同体和合思维，是指相异的事物具有彼此尊重、相互信任，彼此认同、相互接受，彼此配合、相互合作，结合形成能够"和实生物"产生新价值、创造新事物的和合体的思维导向。和合体是一个相异事物相互依存、相互合作、互利共赢、和合共生、生死攸关的命运共同体，因而也将形成这种命运共同体的思维称作"命运共同体和合思维"。每一位企业成员，都应该意识到众人划桨开大船的重要性，都应该树立和衷共济、同舟共济的思想意识，齐心协力、万众一心、群策群力、众志成城关心企业发展、投身企业运营，为身处其中的与个人命运直接相关的企业加油、助力。

和合企业文化精神的宗旨是使企业与国家、民族、人类、世界以及企业与企业、企业内部各部门和职工构成命运共同体。[1]世间万物都生存在互相联系、相互依存又相互独立的关系网络之中，每一个个体以及个体联系构成的整体，在这种关系网络中各正性命，彰显自己的本质特性及实现自己的价值和意义。个体或整体只不过是关系存在的一种方式或形态，任何关系都有分有合。企业既是个体又是整体，对于社会而言，企业是融入社区、地区、国家、世界共同体之中的个体，特别是在当前智能经济时代，所有成员都命运与共、智能相应。企业就要将发展战略与目标融入世界、国家发展大局之中。对于个体而言，企业则要遵循共同的战略目标，按和合价值高效化来改进企业员工的生活方式、行为标准和企业内部制度、决策创新机制，培养员工命运共同体意识，以便更好地把企业和员工凝聚起来。对于员工而言，一方面，自己是企业的一分子，需要服从企业整体布局和统一安排；另一方面，自己又是一个独立的个体，还有着个性化的需求和追求。这就要求企业除了实现企业管理和目标外，亦要提供满

---

[1] 张立文."和合学"与企业成功之道——企业和合文化的新时代价值[J].杭州师范大学学报（社会科学版），2018，（3）.

足员工个体多样性、丰富性需要的条件，使员工个体与企业整体达到最大的和合。就个体而言，每个员工都有个性化的要求，如追求和理想、技能与表现的诉求，在保证完成生产经营的同时，也要满足员工个人生活的需要，增强企业命运共同体的凝聚力，以实现企业繁荣发展的目标。

### 六、生态系统和合思维

系统思维，是一种综合性的思考方式，是强调对事物整体性和各要素之间相互关系的理解，以及解决问题的综合性、整体性的思维能力。系统思维以事物的普遍联系为前提和基础，并在此基础上把握事物之间的规律。系统观念是唯物辩证法普遍联系观点的应有之义，从某种意义上说，普遍联系着的事物本身就是一个系统。[1]

生态系统的概念最早由英国生态学家坦斯利在1953年提出，指在一定的时空范围内，在各种生物之间以及生物群落与其无机环境之间，通过能量流动和物质循环而相互作用的一个有机整体。1993年，美国经济学家穆尔在《哈佛商业评论》上首次提出了"商业生态系统"（Business Ecosystem）的概念。[2]所谓商业生态系统，是指以组织和个人的相互作用为基础的经济联合体，包括供应商、生产商、销售商、营销中介、政府、社会、消费者等以围绕同一用户需求提供服务或生产商品为主题的群体，各自承担不同的功能，各司其职，但又相互依赖、相互合作、和合共生的生态系统。

生态系统思维就是打破边界，将和合管理的视野扩展到企业商业生态系统的思维能力和思路态度。

---

[1] 梁建委.习近平人类共同价值观的哲学基础[J].哈尔滨师范大学社会科学学报,2023,(6).
[2] 黎红雷.儒家商道智慧[M].北京：人民出版社,2017.

《中庸》曰："唯天下至诚，为能尽其性；能尽其性，则能尽人之性；能尽人之性，则能尽物之性；能尽物之性，则可以赞天地之化育；可以赞天地之化育，则可以与天地参矣。"意思是至诚的人方能够充分发展自己的本性，可以实现人性、物性和整个天地（自然界与人类社会）的合一。董仲舒讲"事各顺于名，名各顺于天。天人之际，合而为一。同而通理，动而相益，顺而相受，谓之德道"（《春秋繁露·深察名号》)，意思是一切事物都各自顺着"名"，一切"名"都各自顺着天意，这样，天和人之间的相互关系就统一起来了。"名正则治，名丧则乱"（《吕氏春秋·正名》)。《道德经》谓"人法地，地法天，天法道，道法自然""道生一，一生二，二生三，三生万物"，阐述了道即客观运行规律与天、地、人等之间存在的辩证统一的关系。《庄子》讲"天地与我并生，而万物与我为一"，阐述了天地、万物和人和合一体的观点。[1]这是中国传统文化中对生态系统和合思维的认识。

---

[1] 张晓成. 管理者之翼［M］. 北京：企业管理出版社，2024.

# 第四章
# 和合人假设

管理的核心是管理人，管理者采取何种方式管理人，必然基于一定的指导思想，而这种指导思想的核心就是"或明确或隐含的人性假设"。换句话说，管理就是依据不同的人性假设采取不同的激励和约束措施，以期实现组织目标。

## 第一节 管理学中的人性假设

关于人性的假设，既有散见于我国传统文化中的各流派学说，也有流行于现当代的国外管理思想。在我国传统文化中，有关人性假设的理论观点，具有代表性的有：孟子的"性善论"，荀子的"性恶论"，世硕的"有善有恶论"，告子的"性无善无不善论"，孔子的"人性可塑论"，等等。源发于国外的人性假设理论有：马基雅维利的"人性本恶论"，亚当·斯密的"经济人假设"，梅约的"社会人假设"，麦克雷格的"X理论"与"Y理论"，西蒙的"有限理性决策人假设"，沙因的"复杂人假设"，威廉姆森的"契约人假设"，等等。这些人性假设理论对人性的理解虽各有侧重，各有其不足之处，但也呈现出一个对人性认识的发展的过程。不同的人性假设反映了不同社会背景条件、不同社会历史阶段下，人类对自身共性的不同认识，同时也标志着特定历史时期管理实践突出的矛盾与管理理论研究的重点。

管理不仅是纯粹的实证性的管理科学或技术问题，也是一个与人的精神、文化密切相关的有着深厚文化意义的系统性体系。基于管理学视角的人性假设，决然不是绝对而单向度的，也远非普适而不变的，它在很大程度上取决于管理的路径导向与目标所在，同时还要受到管理情境与事宜的影响。近年来，我国管理学界对我国传统的和合文化的弘扬及其和合功能在组织管理中的发挥多有研究。从社会和合的视野探讨和合管理的问题，构建社会主义和谐社会，创建企业和谐生态系统，一项重要的前提就是和合人假设，深入理解并合理顺应人的和合属性。[1]

---

[1] 张卫东.构建和谐社会的始点——树立人本和合观[J].太原大学学报，2009,（2）.

## 第二节　和合人假设的内涵

人是管理的主体，中国古代以人的"未发"为性，即人性；以人的"已发"（表现出来的行为）为情。这"未发"与"已发"便是管理学意义上的人性和行为问题。[1]麦克雷格认为在每一个管理决策或每一项管理措施背后，都一定会有某些关于人性本质以及人性行为的假定。[2]因此，管理学中的人性假设，就是对人之"未发"尽可能客观地推定以及由此形成的对人之"欲发"尽可能准确地预期。对人性的假设一般应遵循三条主线展开：①人们在组织活动中的价值取向；②人们在组织活动中拥有能力所决定的效果趋向；③人们在组织活动中的行为趋向。[3]以此为思路的和合人假设包含以下三层含义。

### 一、价值取向的理性人

人性，既非善亦非恶，表现为中性的智能。智能活动是人为了一定目标而改造环境和改变自身以满足某种需要的过程。人们在组织活动中的价值取向，一般是从人工作的目的出发来分析的。归根结底，人们工作、生活的根本目标和终极意义是通过需要的满足获取幸福。有代表性的经济人、社会人、自我实现人及复杂人假设，无一不是以通过满足某种需要而获得幸福为目标的。从个体而言，无论人的生理需要满足（性、生活资料的创造等）；还是人的心理需要实现（尊重、社交、自我实现等），要获取最大化的幸福，和合都是一个必然的路径。因此，和

---

[1] 张立文.和合学[M].北京：中国人民大学出版社，2006.
[2] 黎红雷.儒家管理哲学[M].广州：广东高等教育出版社，1998.
[3] 张卫东.管理学视角下人的和合性研究[J].电子科技大学学报（社科版），2009，(2).

合人首先是追求幸福最大化的人。正如张立文教授在其《和合学》中所言：从"工具人""经济人""社会人"到"决策人"的过程，体现了人类从工具需要、经济需要、社会需要到自我实现需要的过程。若到"和合人"，除这些需要之外，还要加上实现目标需要，此需要涵摄上述四项需要。这个实现目标的需要，即为获取幸福的需要。[1]

所谓价值取向的理性，是指和合人的价值取向是追求最大化幸福，他在做出行为决策时，总是希望做出理性的选择，选择那些能给他带来最大化幸福的方案，而不是选择可带来较少幸福的方案；当他面临一系列可供选择的方案时，他总是力图以最小的代价获得自身最大的幸福感。需要特别强调的是：我们这里所说的理性人，指的是人的"未发"之性，主要强调和合人主观决策导向的最大化追求，既非导致最大化结果的行为，也非做出最大化选择的智能。

这里值得一提的是，人性假设不是绝对的。和合人假设是对绝大多数被管理者主流行为的一种事前推定，并不否定某些拒绝和合、放弃幸福的个别现象的出现，也不否定那些投机取巧、自私自利、坑蒙拐骗以获得一时之快的非主流情况。

## 二、能力趋向的有限理性人

有限理性是相对于理性而言的，即人们不能够获得完全的信息，不具有处理问题的完全的能力。和合人以追求幸福最大化为行为目标，但每个人的能力又是有限的，这显然与获取最大化幸福是矛盾的。导致有限理性的根本原因在于不对称现象的广泛存在，如信息不对称、资源不对称、心理不对称、知识不对称、智慧不对称、权力不对称、时间不对

---

[1] 张立文.和合学[M].北京：中国人民大学出版社，2006.

称等。最大限度消除这种不对称造成的有限理性的最佳途径是与利害相关者"和合"。正是因为人们的有限理性客观现实地存在着，以及人们对自身行为或能力有限理性的认识日益清醒，才使得人们在追求幸福最大化"理性"目标的驱动下，基于对"不对称"客观现实的理性认识，求助于与利害相关者"和合"的理性行为。

### 三、行为趋向的和合人

价值取向的理性与能力趋向的有限理性的融合，决定了组织中人的行为趋向的和合性。和合人是组织活动中能与其他权益主体互动实施和合行为的人。通俗地说，行为趋向和合人假设，就是管理者所认定或遵循的：价值取向理性与能力趋向有限理性的人是愿意并能够与他人和合形成有效组织的，是具有与其利害相关者"和谐相处"与"合作发展"行为趋向的，即"人之愿和"与"人之能合"的基本属性。

综上所述，和合人假设就是指，在组织活动中，以理性地追求幸福最大化为目标，而能力趋向有限理性的人，能够或主动或被动地与另外一个或多个与其构成利害关系的权益主体，选择并围绕某一和合主题，求同存异、优势互补、协同整合、共同努力，构建一个能够体现或者期望能够实现共赢效果的和合体的基本属性。

## 第三节 和合人假设的客观性

### 一、和合是经济人理性的价值取向

承认和合人假设，并不否定组织中追求物质利益的经济人的存在。这是因为，某种情境下，人们追求最大化幸福可能是通过物质利益最大化实现的。

正因为价值取向的理性考虑,社会经济活动中,人们选择与其利害相关者和合与否的准则便是是否存在当前或者长远的最大化利益预期。正如黄如金所言:"若我们把'囚犯困境'模型'多次往复',那么囚犯终究会发现,合作比'自私'更有利,同样地,'经济人'在多次交换中发现,遵从某种合作规则要比通过欺诈自作聪明地获得少数几次不义之财更有利,这时制度便会自发地产生。"这一论断比较确切地解释了理性经济人选择合作性行为的基本规则,即"经济人选择合作规则,好像最初他们选择不合作(欺诈)一样,也是经过成本—收益计算的结果"。[1]斯特凡诺·扎马尼认为:互利利他行为可以作为一种均衡策略在无限次重复博弈或具有完备信息的有限博弈中出现。这种行为与私利偏好是完全相容的,因为未来收益的预期或未来惩罚的威胁会导致自私,但有耐心的行为人会在重复博弈的背景下做出短暂的牺牲。[2]

## 二、和合是社会人内在的心理趋向

承认和合人假设,也不否定组织中追求社会需要满足的社会人的存在。这是因为,某种情境下,在人们追求最大化幸福的过程中,社会需要的满足更加重要。

梅奥认为,人们的行为并不单纯出自追求金钱的动机,还有社会方面的、心理方面的需要,即追求人与人之间的友情、安全感、归属感和受人尊敬等,而后者更为重要。影响生产效率最重要的因素不是待遇和

---

[1] 卢现祥.西方新制度经济学[J].北京:中国发展出版社,1996.
[2] 路易吉诺·布鲁尼,皮尔·路易吉·波尔塔.经济学与幸福[M].傅红春,文燕平,等译.上海:上海人民出版社,2007.

工作条件，而是工作中的人际关系。[1]马斯洛需要层次理论认为：由于人是社会人，他们就需要有所归属，并被他人所认可；归属需要是人与生俱来的一种在心理上希望从属于一个团体、家庭、部落或者社会的感情需要。[2]斯特凡诺·扎马尼认为：当行为人能在与世隔绝的情况下使其效用达到最大化时，至少要有两个人才能产生幸福感——正如《鲁滨孙漂流记》所提醒我们的。[3]与他人纯粹的对立与冲突，显然是与归属需要的满足背道而驰的，作为组织成员的人保持独立的自我并与他人竞争是必要的，但某种程度上说这种竞争是有限度的，是以不破坏组织这个和合系统的良性运行为前提的，可以见得，作为组织成员的和合人是符合"不同而和"的属性的。

### 三、和合是自我实现人追求的生存方式

和合的本质是"各正性命"，自我实现人的任何一种行为都是源发于这"各正性命"的需要。因此，承认和合人假设，也不否定组织中自我实现人的存在。这是因为，某种情境下，在人们追求最大化幸福的过程中，实现个人价值的需要更加重要。

首先，在宇宙论和合哲学的前提下，人是宇宙中一物，在宇宙的变化过程中，人的作用非常重大且不可或缺。简单地说，天地人"三才之道"中，天代表精神，地代表物产，人代表天地沟通的助力。只有通过人的作用，和合才能得以实现。这就是和合人假设的哲学前提：如果相信宇宙的和谐，那么，假定人性是宇宙和谐的潜在能力就非常必要。假

---

[1] 陈莞，倪德玲. 最经典的管理思想[M]. 北京：经济科学出版社，2003.
[2] 爱德华·霍夫曼. 做人的权利——马斯洛传[M]. 许金声，译. 北京：改革出版社，1998.
[3] 路易吉诺·布鲁尼，皮尔·路易吉·波尔塔. 经济学与幸福[M]. 傅红春，文燕平，等译. 上海：上海人民出版社，2007.

如我们否定作为万物之灵与万物之长的人的和合属性,那整个社会以及宇宙的和谐也就不会有希望与结果。

其次,人性和合不仅是出于利益的考量,而且是出于文化的信念,也是对于生活方式的追求。企业是一种存在性的组织,也是人的一种存在方式,从这个意义上说,企业和家庭、教会都是一样的,人们在其中生活,呈现自己的本性,而不仅仅是一个赚钱的工具或谋生的场所。和合不仅是一种工具性的、为了使各方利益都得到满足的理念,而且是一种文化的追求,这种文化的追求恰恰与企业满足各方利益的理念是一致的。

### 四、和合是组织中社会关系的体现

马克思说过:"人的本质并不是单个人所固有的抽象物,实际上它是一切社会关系的总和。"如图4-1所示,人性的彰显是一个循着由需要到动机,由动机到行为,由行为到关系的演化过程。人的自然属性、社会属性决定了人的需要,人为了满足自己的需要,最终将实施一定的行为,一定的行为必将与外界环境结成各种关系,各种社会关系的总和,体现并反映了人性的本质特征。在某一时空领域,人的内在本性与外显的社会关系总和,可能会存在暂时不一致的现象,其原因可能是人性异化或人性伪饰造成的。社会管理的最终目标是人之本性的彻底解放与人之本性的自由彰显。

人的本性是在社会关系中体现出来的,作为管理客体的人的本性则是在组织活动中体现出来的。在组织活动中,人的行为按图4-2所示的模型发生。

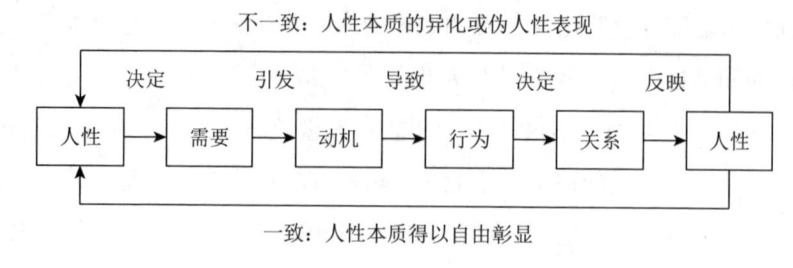

图 4-1 人性内生与外显的过程

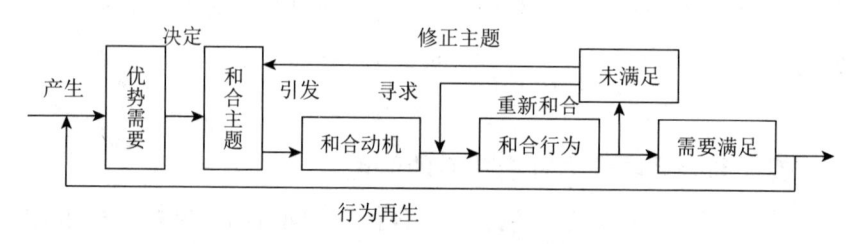

图 4-2 组织活动中人的和合行为模拟

在组织活动中，人的需要是通过与他人的和合满足的。人之所以产生某种行为，归根结底是为了满足某种需要。个人单靠自身力量无法有效满足自己的需要时，就势必要和他人和合组成组织而服务于自己需要的满足。人的需要很多，一般而言只有最强烈的优势需要才会产生行为。不同的优势需要决定了不同的和合主题。例如，有的人为了谋生度日满足盈利的需要与他人和合，有的人为了实现个人价值与他人和合，有的人为了获得安全感而与他人和合等。不同的和合主题引发不同的和合动机，一般而言，优势和合动机最终导致人的和合行为。当人的需要通过和合行为得到有效满足时，还会产生新的需要，从而再次产生新的和合行为，一直循环反复，以保持组织的维系与发展。如果需要未能有效满足，而和合主题选择又是正确的，则需要有效调整其和合行为，如果是选择的和合主题本身就不合理,则要修正或更换和合主题。

**五、和合是人组织化生存发展的必然**

我国古代先贤对人之能群(合)的必然性与必要性进行了较为系统的分析。其中,荀子的"群居和一"思想最具代表性。荀子认为"人生不能无群""人,力不若牛,走不若马,而牛马为用,何也?曰:人能群,彼不能群也"(《荀子·王制》)。意思是说,就人类而言,论力气不如牛,论行走不如骏马,而牛马却能为人类所役使,这是为什么呢?荀子的回答是:人能群。荀子说:"百技所成,所以养一人也,而能不能兼技,人不能兼官"(《荀子·富国》)。意思是说,一个人需要社会上各行各业的人制造的产品来维持生存,但一个人不可能精通生产这些产品的所有技术,也无法从事这所有的工作,只有通过社会成员之间分工合作,相互依赖,才能维持正常的社会生活。可以见得,和合是人在社会生活中得以发展的必要条件,是人的一项重要的发展需要。

管理的载体是组织,组织是指担负特定使命的人为了实现共同目标而组合成的有机整体。所有参加组织的人必须按照一定的方式相互合作,共同努力形成一个有机整体,才能实现他们共同的目标。如果形成组织的人员不具备和合的属性,组织都难以形成,更不用说实现组织成员的共同目标了。组织成员意见有分歧,关系紧张,矛盾重重,定然无益于组织目标的实现,如果不适时加以引导与协调,最终会导致组织的瓦解分化或者重新组合。如果组织成员意见一致,关系融洽,相互合作,往往有助于组织目标的实现。特别是组织成员之间相互友爱,对组织工作具有强烈的责任感和义务感,一般而言,这样的组织就会形成积极而有力的群体规范和强大而有效的群体内聚力。管理的目的,就是要通过团体规范、团体压力、团体成员关系分析等措施,引导人的和合行为，形成与组织目标一致的个体行为。如果只指望得到超代价的利益，不言而喻，个人就很可能接受对他个性的限制。[1]这个过程无疑是一个与他人和合的过程。

## 第四节　和合人假设的可行性

和合人假设的可行性体现在三个方面：一是人本管理价值判断的依据，二是可以实现人性、管理目的与管理措施的有效统一，三是和合管理的立论基础。

### 一、人本管理价值判断的依据

麦克雷格认为，管理必须从管理人员如何看待他们自己和别人的关系这个根本问题开始。麦克雷格的Y理论认为：外力的控制和处罚都不是促使人们为组织目标做出努力的唯一手段，人们在实现所承诺的目标的过程中，将会实施自我指导和自我控制。[2]孔子常常用小人与君子来比较衡量人的德行，关于人的和合性，《论语·子路》中说："君子和而不同，小人同而不和。"组织活动中，小人重利轻义，关注一己之利，注重局部利益，同而不和，无益于组织总体目标的实现。相反，具有君子品性的人，会顾全大局，着眼于大利，清醒地认识到只有组织内的和谐与合作，才会有助于组织目标的实现，自己也才能通过组织目标的实现获取大利。这是因为，只有在不同力量之间求同存异，既建立起不同

---

[1] 杨文士，张雁.管理学原理[M].北京：中国人民大学出版社，1994.
[2] 海因茨·韦里克，哈罗德·孔茨.管理学全球化视角[M].11版.马春光，译.北京：经济科学出版社，2004.

力量之间的合作关系，又保证不同方面的利益差异，才能实现和谐共处的局面。显然，人本管理立足于对组织成员君子秉性的假设。正如，黄如金在其和合管理理论中所言："以人为本"价值规定的本身，从人性范畴的考量，就已经必然包含着对于人际关系的"和"与"合"的价值判断。从"以人为本"的价值规定及其实现需要来看，"和"与"合"不仅是一种方法论意义上的概念，而且上升为一种与"以人为本"密不可分的价值准则。[1]可以说，和合思想既是中国古代社会发展之历史要求，也是中国传统管理对于人性假设的重要组成部分。[2]

## 二、实现人性、管理目的与管理措施的统一

如图4-3所示，一项有效的人性假设，应该从人性、管理目的（组织目标的实现）与管理措施的一致性方面分析界定。满足这一条件，但很少被提及的一项重要的人性假设就是和合人假设，其内容其实早已散见于现当代管理理论，隐含于许多管理人性假设理论之中。

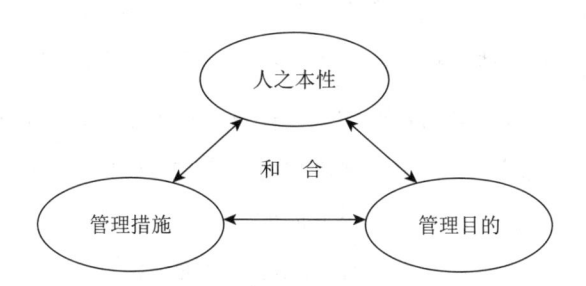

**图4-3 人性与管理的良性关系图示**

---

[1] 黄如金.和合管理：探索具有中国特色的管理理论[J].管理学报，2007，（2）.
[2] 黄如金.和合管理的真谛：和气生财，合作制胜[J].管理学报，2007，（3）.

管理是设计并保持一种良好的环境，使人们在群体状态下高效率地完成既定目标的过程。[1]"和"的概念不仅反映了一个组织、一个社会理想的运行秩序，而且反映了达到这种秩序的内在平衡机制。孔子的弟子在总结孔子关于"和"的人本主义管理思想时，提出了"礼之用，和为贵"的命题（《论语·学而》）。孟子在"和为贵"的基础上，提出"天时不如地利，地利不如人和"（《孟子·公孙丑下》）的观点。持有和合人假设观点的管理者，就会适应与顺应人的和合属性，分析研究正式组织或非正式组织中组织成员的和合需要、和合动机以及和合行为，采取有效措施促进有利于组织目标实现的和合体的形成。

### 三、和合管理的立论基础

近年来，我国管理学界对和合职能在组织管理中的发挥多有研究。例如，席酉民及其团队提出的和谐管理理论，黄如金出版的《和合管理》等。组织实施和谐管理、合作管理以及和合管理的一项重要的立论基础就是组织成员的和合性假设。如果认定人天然地不具备和合属性，那么组织既无法形成，也无法运作，更无法实现共同的目标。

和合既是一种互利的状态，也是一种互动的活动，既是管理者希冀的一种理想的组织状态，也是被管理者所乐意接受的一种组织环境。和合管理就是通过构成组织的各个方面的积极互动，构建有利于组织生存发展的各正性命、各当其事、各尽其能、各取所需、各得其所、和气生财、合作制胜的和谐生态关系。和合管理理论的核心内容，就是探求并解决个体或组织如何构建、治理与拓展各方面和合关系的规律性问题。

---

[1] 海因茨·韦里克，哈罗德·孔茨.管理学全球化视角［M］.11版.马春光，译.北京：经济科学出版社，2004.

可以说，管理的目标就是和合行为的生成与和合状态的出现，因此，和合人假设的明确就应是"人人心中有"却未被人们正式提出的一个客观命题。

## 第五节　和合人假设的实践性

### 一、和合人假设是管理实践的总前提

可能会有很多人认为，作为管理对象的人是"自私本恶""唯利是图""投机钻营"的经济人，并不具备和合性。实践是检验真理的唯一标准。纵览管理实践发展史，从原始社会的部落管理，到当代社会的现代管理，任何一个成功的管理者都没有放弃对人的"和合"属性的预设与期冀，也从来没有放弃对和合人的"和合管理"的实践。纵观西方管理理论，古典管理理论基于经济人假设，行为科学理论预设社会人假设，人本管理理论依从自我实现人假设……如表 4-1 所示，区分管理理论不同发展阶段的标准，从本质上说并非源自对人性的假设，其划分的依据则是：在对占主流的和合人和合主题进行假设的前提下，针对和合人和合管理方法体系基本性质来划分。所谓经济人假设，是认为人们和合而成组织并努力工作的需要与动机是对物质利益的追求；所谓社会人假设，则是认定人们和合而成组织并努力工作的需要与动机，除了对物质利益的追求之外，还有各种社会的、心理的需要发生作用；自我实现人假设，则认定人是主动的、自我指导的，有着发挥潜力和充分展示自己才华的欲望。显然，这几种人性假设都是对和合人所选择和合主题的假设与推定，而和合人假设则涵盖了这些基于不同和合主题的人性假设。

表 4-1　不同管理思想发展阶段和合人假设下的和合主题

| 人性假设 | 和合人假设 |||
|---|---|---|---|
|  | 经济人假设 | 社会人假设 | 自我实现人假设 |
| 优势需要 | 物质利益需要 | 社会需要、尊重需要 | 自我实现需要 |
| 和合主题 | 构建合作营利组织 | 打造有共同信仰的团队 | 缔造自我实现平台 |
| 方法体系 | 科学管理 | 组织文化建设 | 放权自治 |
| 阶段 | 古典管理阶段 | 行为科学理论阶段 | 人本管理阶段 |

## 二、协同应和是和合管理方法体系的轴心

大千世界，人间百态，组织成员的内心世界各不相同，优势动机也各有侧重。希望获得组织成员发自内心的协同应和，就需要管理者发挥和合管理协同应和的功能，在组织活动中，发现和合因子，激活和合需要，形成基本一致的和合主题，构建一个"协力同心、迎合应和、融突共赢、互助互利、百态归一、和而不同"的和合体，以避免"严有余，和不足"管理方式生成的内伤，消减非和合因素产生的离心力，有效形成组织向心力与凝聚力，获取和合效应，以有效实现组织目标。

由于人类组织化生存方式的客观必然性，管理既是必需的，也是重要的。这不仅涉及组织目标的实现，而且关系到人在企业中的存在状态。这就要求管理者，一方面认可人性和合的理念，并把它作为管理理念的核心，即关注每一个个体的存在状态，各正性命、以人为本；另一方面则要以和合的管理理念来化解或转化利益上出现的矛盾与冲突。

## 三、隆礼重法是和合管理方法体系的有益补充

有人可能会质疑与反驳，既然有和合假设的存在，那是否还需要借助外力的作用加强对组织的管理。《荀子·性恶》中主张："人之性

恶，其善者伪也……然则从人之性，顺人之情，必出于争夺，合于犯分乱理，而归于暴。"荀子认为性本恶的人要生存下来，必须以"群"的形式生存。然而，"人何以能群？曰：分。分何以能行？曰：义"（《礼记·王制》）。"群"是指人类的社会属性，人不仅可以像其他生物一样"集群而居"，而且具有自觉的组织形态。"分"则是指社会分工，它是人类生活的保证。使得人人各得其所，事事各得其宜；由于"分"而形成了一定的社会组织，从而使人类整体力量得到汇集和放大。"义"则是人类社会组织构成的依据、标准和准则。荀子基于对社会层级差异和人性本恶的深层洞察，通过隆礼重法这样一个具有内在道德约束力和外在强制性的措施，使其"群居和一"的政治思想的现实性和可操作性有了保障。[1]

和合人假设并不简单地主张人性本善或人性本恶，和合人假设认为，基于和合人假设的组织管理，也需要企业文化建设、企业制度建设，和合人的行为也需要政策方针、规章制度的规范与约束，即隆礼重法是和合管理方法体系的有益补充。

这是因为，组织是由许多不同形式、不同性质、不同内容、不同主题的和合体构成的更高一级的和合体。构成和合体的各和合人的利益追求与组织整体的利益追求的一致性程度直接影响着管理效率的高低。管理实践中，作为不同权益主体的和合人之间，常常会出现这样那样的利益冲突，特别是在思想观念、行为方式、文化背景、知识素养、道德操守、个性特征等诸多方面有着诸多差异的组织成员，出现其他诸多方面的冲突也是客观而现实的问题。所以，由具有和合属性的独立权益主体的人形成的组织，同样也需要"礼"与"法"来规范和约束组织成员及

---

[1] 陈中浙. 和谐社会的儒家哲学基础 [J]. 哲学研究，2007，(5).

组织的行为，才能使组织成员遵循同一个和合主题，形成统一的和合体，营造出和谐有序、和合多赢的组织环境。正如邓小平所说："组织制度、工作制度……好可以使坏人无法任意横行，制度不好可以使好人无法充分做好事，甚至会走向反面。"[1] 好的组织制度可以使人纳入组织总体和合主题的统帅之下，不好的组织制度则会使人各自为政，遵循各自的和合主题，偏离组织和合主题，甚至阻碍组织和合主题的实现。

人的有效和合是组织管理的一项永恒主题，管理者应该清醒地认识到人是一个具有"可以和合"属性和"愿意和合"期望的和合人。和合人假设既是重要的，也是具有客观性、可行性与实践性的。

站在管理学的视角考虑，人类管理实践活动的每一天实际上都没有放弃人性和合的假设，在管理思想演变的不同发展阶段，所不同的是被管理者所选择的和合主题以及管理者针对被管理者的和合主题所实施的和合管理。在现当代社会，价值取向理性与能力趋向有限理性的组织成员越来越清醒地认识到"和合"对组织生存与发展的重要性和必要性，也越来越理性地认识到"和合"与自己利益的高度相关性。作为管理者，也应该清醒地认识到被管理者是具有"可以和合"属性和"愿意和合"期望的，只有这样，才可以切实树立人本管理理念，疏通与引导组织成员和合主题的取向，创新人本管理导向的"礼""法"措施，建立有利于组织目标实现的和合绩效评价体系与激励机制，开展行之有效的和合管理，为和谐社会的建设奠定良好的基础。

---

[1] 引自邓小平于 1980 年 8 月在中共中央政治局扩大会议上所作的题为《党和国家领导制度的改革》的报告。

# 第五章
# 和合管理体制

管理活动中，合法合理、合情合心的管理体制，可以最大限度地释放人的和合性，最大可能地消减人的离散性，使得企业上下形成心往一处想、劲往一处使的凝聚力与向心力，进而形成企业不可替代的核心竞争力。

## 第一节　和合管理的内容

和合管理视角下的管理活动，至少应该包括自我和合、向下和合、向上和合、平行和合四个方面的内容（如图 5-1 所示）。

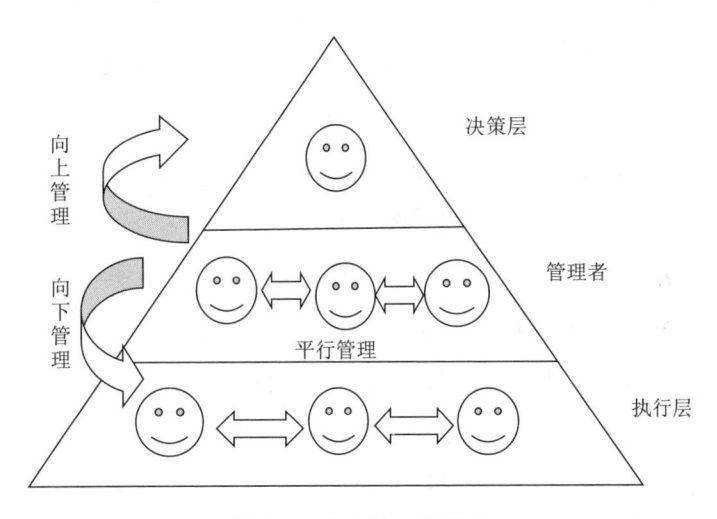

图 5-1　和合管理的内容

### 一、自我和合

人本身也是一个和合体，前进还是后退，奋斗还是躺平，放任还是节制，悲观还是乐观，消极还是积极等，都是一个纠结冲突的过程，都需要自我调节与自我和合实现内心均衡，做到"内外相应，言行相称"（《韩非子·解老》）。中国传统文化中，人们非常重视通过自我和合实现个人修养的提升。

罗马帝国时代伟大的哲学家普罗提诺说："人一半是天使，一半是魔鬼。"每个人的心中都住着天使和魔鬼，在天使的背后，潜伏着魔鬼的骚动。天使和魔鬼互相斗争，天使战胜了魔鬼，则人的行为向善；魔鬼压制了天使，则人的行为向恶。天使与魔鬼斗争的过程，其实也是一个和合的过程。

自我和合管理是组织成员对自我和合关系进行计划、建立、调节、控制的过程，理想的自我和合管理是组织成员锚定组织目标，对自己的目标、思想、精神、心理、情绪和行为等进行管理的过程。自我和合是一个不断修为、不断进阶、不断和自己博弈的过程，在这个过程中可以形成良好的工作态度和正确的工作习惯、积极主动地发现自己的问题和弱点，认真踏实地进行自我管理，提高自己的工作水平和业务能力。

自我和合管理是一个道德修养的过程。《孟子·告子上六》中孟子曰："乃若其情，则可以为善矣，乃所谓善也。若夫为不善，非才之罪也。恻隐之心，人皆有之；羞恶之心，人皆有之；恭敬之心，人皆有之；是非之心，人皆有之。恻隐之心，仁也；羞恶之心，义也；恭敬之心，礼也；是非之心，智也。仁、义、礼、智，非由外铄我也，我固有之也，弗思耳矣。"意思是从人的天赋来看，是可以为善的，这就是他所说的人性本善。至于有些人做坏事，不是天赋的错。同情心，人人有；羞耻心，人人有；恭敬心，人人有；是非心，人人有。同情心即仁，羞耻心即义，恭敬心即礼，是非心即智。仁、义、礼、智都是人本身固有的，都不是由外在加给人的，激活并保持人的善性就是道德修养的过程。

自我和合管理是一个所有组织成员都需要践行的工作。《礼记·大学》曰："自天子以至于庶人，壹是皆以修身为本。其本乱而末治者，否矣。"上自国家元首，下至平民百姓，人人都要以修养品性为根本。若这个根本被扰乱了，其他的要想做好是不可能的。《礼记·大学》曰："身修而后家齐，家齐而后国治。"遵照和合思想，在和合管理视角下，无论是管理者还是被管理者，每一位组织成员都要树立自我管理意识，学会自我管理，而不是努力改变他人，这是和合管理的基础和前提。《论语·宪问》提倡"修己安人"，也就是说，作为管理者要提高自身修养，使人民安乐，首先要做好自我管理，其次才能使他人安乐。管理者如果首先想到的是努力改变员工，员工反而会或者保持高度警觉，或者阳奉阴违。管理者不如先"修己"，用"心"改变自己，让员工受到良好的感应，主动地改变他们自己，更为快速有效。一个好的管理者不仅要能够有效地管理团队和组织，还需要具备良好的自我管理能力。自我管理的目标是致良知、明心见性，就是不断地把自己修养成一个心地善良、言行合乎伦理道德，一定程度上富有"敬天爱人，自利利他"的敬畏、怜悯和博爱之心的人。致良知就是"去人欲，存天理"，也就是禅宗说的"明心见性"，教人在心性修炼上，去除不良的人为经验意识，复位到人的先验的本性之中去。

自我和合管理是一个追求慎独的自律过程。《论语》曰："苟正其身矣，于从政乎何有？不能正其身，如正人何？"意思是如果自身端正了，对于从政来说有什么困难呢？不能端正自身，怎么使别人正呢？《中庸》曰："莫见乎隐，莫显乎微，故君子慎其独也。"强调个人在独处时、在他人不容易注意到的地方更应该慎独和自律。

许衡（1209—1281年），字仲平，号鲁斋，世称"鲁斋先生"，怀州河内（今河南沁阳）人，元初著名理学家、政治家、教育家与天文学家。一年夏天，中原大地因蒙金战争陷入混乱，许衡不得不随难民四处流亡。在一个大热天，颠沛流离的众人又累又渴，忽然发现道旁有棵梨树结满果实，大家争相跑去摘梨解渴，唯独许衡在树下正襟危坐。众人觉得很奇怪，上前询问缘故。许衡说："非其有而取之，不可也。"众人说："世乱，此无主。"许衡说："梨无主，吾心独无主乎？"许衡不食无主之梨的慎独自律故事流传至今。[1]

自我和合是一个不断反省，不断修正自己行为的过程。《论语·学而》曾子曰："吾日三省吾身，为人谋而不忠乎？与朋友交而不信乎？传不习乎？"每天多次反省自己，为别人办事有没有尽力呢？同朋友交往有没有不真诚呢？老师传授的知识是不是温习了呢？

## 二、向下和合

向下和合，即传统意义上所说的自上而下，由领导者管理与下属之间的和合关系的过程。作为管理者，身居组织高位，其责任重在组织文化建设、顶层设计和战略规划以及设计组织管理体制，要向下属阐述自己的理想抱负，描绘组织愿景和目标、凝练组织理念和宗旨、分解下发组织目标和任务，最终得到下属的拥戴和支持，同心协力实现组织目标。向下管理，好比拉车，领导负责掌握方向和目标，把好车辕，但车要顺利行进，光靠自己的力量远远不够，需要通过个人魅力、职位权力等各种影响力，带动下属用力推车，心往一处想、劲往一处使，使得组织这辆车能够顺利高速前行。

明代名臣张居正的《驭人经》全文分"驭吏""驭才""驭士""驭忠""驭奸""驭智""驭愚""驭心"八卷。"驭吏"之道，强调领导者应以高尚的品德和坚定的意志塑造自身形象，以此赢得下属的尊敬与追随。"驭士"之道提出："驭人必驭士也，驭士必驭情也。敬士则和，礼士则友；蔑士则乱，辱士则敌。以文驭士，其术莫掩；以武驭士，其术莫扬。士贵己贵，士贱己贱矣。"阐述了礼贤下士与知人善任的重要性。他认为，领导者应具备知人善任的能力，将合适的人才放在合适的岗位

---

[1] 刘晓.操守严谨、心系天下的许衡[J].秘书工作，2024，（2）.

上，使其充分发挥自己的才能。这种驭土之道，不仅有助于建立和谐的上下级关系，更有助于提升组织的整体效能。

### 三、向上和合

向上管理强调下属应当积极地"管理"与自己的上级之间的和合关系，是指作为组织成员的下属，为提高组织效率和有效实现组织目标，积极主动优化上下级关系、向上级领导施加影响的过程。当然，向上管理并非无原则地讨好领导，而是下级主动影响上级领导，以统一思想、达成共识、上下同心、互惠互利，最终实现组织目标的过程。

在组织运行过程中，上级领导受能力、精力、视野、地位等局限，对组织运行过程中存在的各种问题，必然存在着认识不清、了解不够、信息不全、判断不明、决策不力等问题。这就需要作为下属的组织成员积极主动建言献策、帮忙助力、群策群力化解危机与阻力，共同推动组织的发展。向上管理好比推车，领导负责拉车，在路况不明、方向不清时，也需要推车的下属帮忙分析判断、献计出力。特别是，一方面领导决策关系重大，另一方面领导局限于对事物的认知能力，很难轻易接受下属的建议或意见，此时就需要下属积极主动对领导施加影响，在维护与支持领导驾驭组织的核心地位的前提下，和衷共济，艺术性地向领导营销自己的观点和主张，说服领导，按照正确的行进路径前进。而不是采取袖手旁观、幸灾乐祸、事不关己的态度。向上管理赋予了员工在传统的上下级关系中更为积极的角色，使其不仅能有效优化与上级的关系，更为重要的是在推动组织发展、促进组织目标实现的过程中发挥积极的作用。

遵循和合思想，实施向上管理，首先要学会适应领导，而不是改造领导；要学会欣赏领导，而不是鄙视自己的领导。作家赫尔曼·黑塞写道："我们永远不要冒犯比自己愚蠢的上司，这是克服傲慢的最佳方法。"阿里巴巴合伙人彭蕾说："无论马云的决定是什么，我都让它成为最正确的决定。"彼得·德鲁克在《卓有成效的管理者》一书中说："工作想要卓有成效，下属发现并发挥上司的长处是关键。"管理的本质就是借力，既是领导向下属借力的过程，何尝不是下属向领导借力实现自己目标的过程。彼得·德鲁克说："你不必喜欢、崇拜或者憎恨你的老板，你必须管理他，让他为你的成效、成果和成功提供资源。"

向上和合管理可以帮助下属更好地理解组织目标和领导的期望，有助于建立良好的组织关系和沟通渠道，有助于领导及时听取下属的反馈和建议，促进组织的改进和创新，确保组织朝着正确的方向努力。

### 四、平行和合

"三人行，必有我师焉；择其善者而从之，其不善者而改之"（《论语·述而》）。三个人一起走，其中必定有人可以做我的老师。我选择他善的品德向他学习，看到他不善的地方就作为借鉴，改掉自己的缺点。

平行管理首先强调对组织同一阶层人员之间的和合关系的"管理"。彼得·德鲁克曾经说过，任何能影响自己绩效表现的人，都值得被管理。同舟共济，每一位组织成员都会影响自己目标的实现。管理学界有着共同的认识，非正式组织、群众领袖、意见领袖、朋辈之间在特定情境之下，会有更大的影响力。因此，在和合管理视角下，组织应该制定相应的制度，鼓励同事之间互相管理、互相教育、互相带动、互相影响，从而营造组织团结合作、向上向善的组织文化。平行管理，就是要让人们看到彼此的优点，然后携手共进。

此外，平行管理强调打破部门间的壁垒，实现高效协同。面对激烈的市场竞争，没有任何一个部门能够独善其身，只有加强跨部门的沟通合作，才能实现资源共享和优势互补，这就需要部门与部门之间的互相影响与协同配合。

## 第二节　构建和合管理体制

和合管理不仅依靠文化传承、理念塑造、思维训练、思路引导，还需要建立相应的组织体系和制度机制，确保组织各方和合的积极主动性和组织持续和合的活力，并推动共同发展。

基于和合文化的和合管理，和合是其治理理念，其目的在于产生"1+1>2"的和合效应。要通过和合管理实现和合效应，需要管理者与被管理者发现"同心同向"的和合主题，形成"同向同行"的和合目标，而这些任务的圆满完成，关键在于构建利益各方休戚与共的命运共同体，从组织管理的角度出发，则需要通过构建和合管理体制来实现。

### 一、和合管理体制的内涵

体制，即体系和相应制度的总称，可以说既有体系性制度的意思，也有制度性体系的含义。对于管理主体的组织而言，体制包括构成组织的各层级单元及各层级单元之间的结构关系，各层级单元之间的结构关系需要通过相应的制度予以规范和约束。管理体制是指管理系统的结构和组成方式，即采用怎样的组织形式以及如何将这些组织形式结合成为一个合理的有机系统，并以怎样的手段、方法来实现管理的任务和目的。

管理是人类社会活动基本的组织运行方式，广义的管理是指应用科学的手段安排组织社会活动，使其有序进行。管理手段主要有机构设计、法律规范、人和信息四种，管理方法包括行政方法、经济方法、法律方法和思想教育方法。这一般是指宏观的社会治理和公共管理活动。而狭义的组织管理，是指为保证一个组织全部业务活动有序运行而实施的一系列计划、组织、指挥、协调、控制和决策的活动。

无论是广义还是狭义，无论是宏观管理还是微观管理，概括而言，和合管理体制是指体现和合理念、运用和合方式、实现和合效果、达成和合目标的组织管理体制。

和合管理体制区别于其他的管理体制，其特点首先在于和合智慧的体现、和合思维的践行，特别是具有显著的和合性，具体体现为组织成员之间休戚相关、同向同行、互补共生、高效协同。组织的和合管理体制使得一个组织的成员形成休戚相关的命运共同体，所有组织成员的祸福、利害高度一致，各部门、各环节同心同德、同心同向、同向同行、同频共振。

### 二、和合管理体制的构成

从组织管理而言，和合管理包括天人和合、人际和合、身心和合、人物和合、物物和合等方面。但最为核心的内容是人际和合。因此，和合管理体制，最为核心的内容是人与人之间的人际和合。

第一，各项管理目标和合管理的体制。可以说，当人们寻求通过合作来实现共同目标的时候，和合管理就产生了。人们必须愿意为共同的组织目标而努力，组织成员的各种活动必须有组织地致力于共同目标，管理不仅需要激励每个组织成员努力，而且需要促使组织成员合作实现共同的目标，产生超越个体努力之和的和合效应。

第二，各项管理活动和合管理的体制。和合管理需要统摄组织多种类、多方面、多环节、多阶段、多事项的管理活动。例如，管理是不同职能构成的系统或过程，按职能划分，管理包括计划、组织、指挥、协调、控制、人员配置、领导、决策、创新、激励等活动内容，和合管理就需要遵循和合管理哲学，通过体制构建和制度、机制设计，划分各职能责权利范围，明确各职能间的责权利关系，确保组织目标的高效实现。以企业为例，组织是由各种业务活动构成的生产经营系统，按业务活动内容可以划分为财务管理、人力资源管理、生产管理、供应链管理、市场营销管理、销售管理、物流管理、信息管理、科研管理、物资管理、成本管理等业务活动，和合管理需要处理好各类活动的和合关系。同时，每一项业务活动，又可以进一步细分为各种模块和各种内容。例如，人力资源管理主要包括招聘、培训、薪酬、绩效、规划、员工关系六大模块，这些模块之间有着密不可分的关系，在企业人力资源管理过程中发挥着非常重要的作用。和合管理还需要处理好这六大模块之间的关系；而具体到招聘管理，又可以进一步细分为具体的环节和内容，和合管理同样需要处理好这各个环节和内容的关系。

第三，各种生产要素和合管理的体制。组织管理的重要内容是各种生产要素的管理。组织的生产要素包括人员、物料、设备、资金、理念、目标、技术、时间、信息、环境、方法、市场、士气、文化等资源，管理就是将组织中这些不同的要素或资源通过一定的机制或形式进行开发、配置、使用的过程。和合管理不是对各种管理要素的简单相加，而是进行合理配置、有效使用、高效转化，从而以最有效的方式实现组织功能。这些要素对应到管理上大体可以划分为"管人"与"理事"两个方面，这就需要遵循明德管人、至善理事的理念，构建实现"人适其事、事适其人、人尽其才、才尽其用、物尽其用、事尽其功"的和合管理体制。

第四，各方利益和合管理的体制。管理实质上是生产关系的协调，生产关系的本质是物质利益关系的协调。投资者、所有者、经营管理者、员工、政府、社会、供应商、中间商、合作者、竞争者等利益方作为"理性经济人",都直接或间接参与管理,并期望通过组织生产经营活动实现各自的利益诉求。但组织不可能满足各个利益方的所有预期与诉求,在利益分配方面就需要通过管理体制的设计,在多方利益的冲突中寻求最大"公约数",使各方利益在和合中实现均衡。所谓"利者,义之和也",要得到利益,就要讲求与道义的统一;"使物各得其所利,则义无不和","和"就是使利益相关方各得其所,这是和合的根本。

第五,多元管理方式和合管理的体制。组织管理过程中,会应用到政策、制度、经济、心理、技术、文化、道德、物质、精神等管理方式与手段,这些管理方式与手段都是为统一的组织目标服务的,这就需要构建一定的和合管理体制,把这些多样化的管理手段统摄在统一的目标之下,避免出现各唱各的调、各吹各的号,目标不统一、方法不协调、手段不配合、时间不同步、力量不协调等问题。和合管理着眼于各种管理方式与手段之上的顶层设计,围绕组织目标最大化,注重管理方法和手段上的互补融合与不断创新,以便产生理想的管理效果。

第六,组织与环境和合管理的体制。组织不是一个封闭的系统,输入来自环境、输出面对环境,运营活动处于环境之中,和合管理的任务就是要实现组织内部条件、外部环境和组织目标之间的动态协调与和合均衡。管理者必须对组织所处的动态复杂的环境保持高度的敏感和充分的认知,将组织内部条件、外部环境、组织目标、管理方式和合形成良性互动关系。

### 三、和合管理体制实例

1. 和合五教

"商契能和合五教,以保于百姓者也"(《国语·郑语》)。契是商代的始祖,曾经做过舜的司徒,负责教化。"五教",古代也称"五典",即父义、母慈、兄友、弟恭、子孝五种伦理观念,"和合五教",就是使这五种伦理教化达到和谐融洽的状态。商契能把父义、母慈、兄友、弟恭、子孝五种不同的人伦之教加以融合并实施于社会,使百姓认可接纳,安定和谐地生活,这是中国传统社会治理的基本特点。

2. 合伙人机制

在组织管理活动中,如何激发员工的积极性、增强组织活力、提高组织效率?需要在利润分配过程中兼顾不同层级、不同部门、不同群体的收益,提高组织成员的整体获得感,使员工在实现自身价值的同时达成组织目标。合伙人机制和股权激励就是达成这一目标的有效途径。

永辉超市股份有限公司(以下简称永辉超市)于2001年在福建成立,是以"农改超"起家的国内首批将生鲜农产品引进现代超市的企业之一。永辉超市采用的是"内部合伙人"模式,合伙人不需要出资,仅以自身的劳动就可以享有收益的分配权,并且无须承担无限连带经营风险。2012年12月永辉超市开始试点"全员合伙制",2013年7月在福建省全面实施,最终于2015年下半年在全国实现全面推广,其间经历了增量收益分配模式、阿米巴赛马机制两次演变,目前,永辉超市的"全员合伙制"已经进化到了3.0版——共享创业平台。2016年,永辉超市打破传统雇员的概念,通过构建共享平台,推出了"事业合伙人+岗位合伙人"的价值共创模式,并将采购、服务、管理等理念融入业务运营中。在这一战略变革的指导下,永辉超市将原来的总部各个部门和事业部进行重组,组建了面向资源整合和服务集成的服务支持系统,打破传统垂直型组织架构，去职能化、去管理层，最终建立了以"大平台+小前端+富生态+共治理"为基础的新型组织形态，在这一组织形态中，合伙人可以投资入股并参与管理，就像创业者一样，在企业的成长中分享价值。[1]

3. 和合生态链

小米生态链模式是基于自身能力，围绕目标顾客需求，根据顾客价值链构建产品链，整合企业外部可以与自己互补的资源和企业，放大自己的优势，形成有利于企业生存发展的生态链。

小米从2013年开始布局生态链，到2015年，其生态链布局范围已经很宽泛。核心层围绕着手机开拓市场，周边产品有耳机、小音箱、移动电源等；再往外层是智能硬件，如空气净化器、净水器、电饭煲等白电产品；再继续扩大到无人机、机器人等高科技产品。除此之外，还有毛巾、牙刷等生活易耗品。

对于生态链上的企业，小米不追求控股，最高的股份占40%，多数在20%左右，小米甘愿做支持系统，以保证生态链上所有的企业自主经营，保留原有的企业家精神。生态链上的企业可以使用小米的销售渠道和品牌，但如果企业有自己的方案，小米也决不去干扰。

小米投资生态链企业时，会选择研发能力很强但销售能力不足的团队，生态链企业的产品应用小米的渠道去营销，小米获得的是销售利润，生态链企业获得的是研发和生产利润。

小米的历史并不长，不可能在每个领域都建立起技术优势，小米通过与技术企业去结盟，组团来应对竞争。生态链企业很弱小，进入小米生态链后，就可以小博大，用小企业的能力享有大企业的平台，既实现

---

[1] 王颖昌.永辉超市"全员合伙制"研究[J].经济师，2021，(7).

能力互补，还不会丧失自己新的发展空间和发展机会。

小米生态链模式的强大之处在于模式轻、能力开放、利益开放、解放管理人员和员工，这一模式所蕴含与彰显的经营理念无疑正是和合管理哲学，并且通过企业运营生态链这样一个有形的和合管理载体来体现。[1]

4. 和合股权方案

东莞市泰威电子有限公司（以下简称泰威电子）用51%的股权来回馈天地万物，天地万物为公司的大股东；其25%的股权属于全体员工，全体员工为企业的第二大股东，全员形成命运共同体，依照51%大股东的旨意来运营企业；只有24%的股权归企业主所有，企业主将自己的利益放在最后。泰威电子从1.0物质管理时代、2.0精神管理时代，正式进入3.0信仰管理时代——构建有信仰的企业。泰威电子3.0信仰管理体系的目标是：让企业的管理更简单、更容易、更自然、更欢喜。让企业更有生命力，能更好地回报社会，让世界更美好。[2]

5. 阿米巴经营模式

阿米巴经营是把公司划分为若干单元，进行部门核算，形成公司内部市场化购销机制，各单元、各部门类似独立的小型企业。公司下放经营权到各部门，实施阿米巴经营的各部门领导在实行单位时间核算制度的基础上，掌握瞬息万变的市场价格，以便做出相应的反应。这样一来，公司的经营状况就会被反馈到公司的各个角落，也有利于实现公司内部购销的质量管理，自下而上，自上而下，相互影响且密切配合，实现全体员工的自觉参与。

---

[1] 苗兆光. 小米生态链布局及其模式价值[J]. 中国工业和信化，2019，（4）.
[2] 李文良. 天地人和，铸就泰威精神[J]. 企业管理，2022，（5）.

这一模式的特点是划小核算单元，通过企业内部市场化的方式，构建企业命运共同体，有效实现和合管理目标，实现全体员工参与，共同经营，为员工的物质和精神谋幸福。[1]

---

[1] 参考企业管理杂志公众号文章：《如何正确认识阿米巴？正确应用阿米巴？》。

# 第六章
# 和合激励

激励是管理学中的一个通用名词,是指影响人们的内在需求与动机,以加强、引导和维持人们某种行为的活动过程。基于和合文化的中国式管理,为了确保组织成员能够围绕同一和合主题、趋向一致的和合目标、追求共赢的和合利益,则更为重视组织成员之间的和合激励。

## 第一节　和合激励的内涵

在西方管理学中,管理者与被管理者之间常常会形成领导与服从、控制与执行等对立的关系。中国式管理显著的特征是基于和合文化而形成和合组织文化,设定和合组织目标,实施和合管理方略,使用和合绩效考核指标,以及由此而彰显和合管理特性。

和合文化注重"礼之用,和为贵"(《论语·学而》),强调治国处事、礼仪制度,以和为价值标准。所以,中国式管理的一项十分重要的绩效优劣考量指标是人与天、人与人、人与物、人与事的关系的和谐度。正如德国著名哲学家斯宾格勒所说:与西方文化相反,中国人所寻找的,并不是人与自然的对立,不是强力意志,不是征服自然,而是与自然融为一体,乃至顺应自然实现天人合一。

和合既是一种互利共赢的状态,也是一种互动共生的行为;和合是一项不可或缺但又被管理学界长期忽视的管理职能。显然,代表组织利益的管理者与员工双方追求满足各自需要的"互利共赢"目标的现实决定了"和合互动"管理活动产生的必然。组织管理中,若想保证个人身份和群体等级身份平衡,就必须保证个人需要与组织需要统一。如果员工过分注重个人身份而不能对群体身份具有认同感,组织就会因囚徒困境而解体。

如图 6-1 所示,和合激励是指,在和合文化氛围浓厚的组织活动过程中,既有正式的、规范的、正向的、相对成熟的由上至下逐层级的激励体制,同时在组织成员之间还存在非正式的、自发的、双向的、相对灵活的、形式多样的激励活动,以促进组织目标的实现及各组织成员个人需要的满足。具体包括组织成员的自我激励、各层级组织成员对上级领导的激励、组织成员之间的相互激励。在和合文化越浓厚的组织中,这种和合激励现象越普遍。

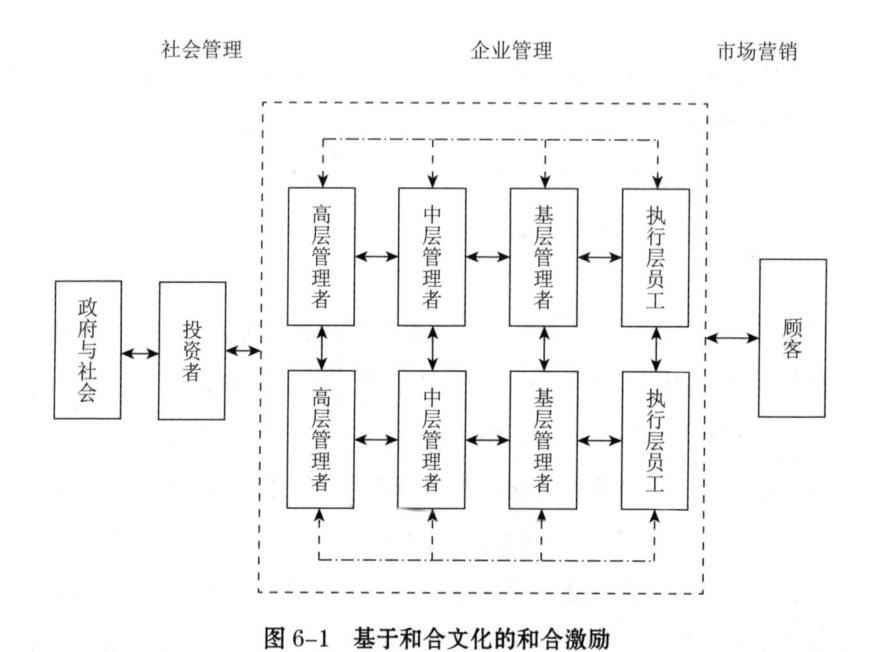

图 6-1　基于和合文化的和合激励

广义来说，理性的顾客"用脚投票"或者用货币投票、口碑赞誉或贬损企业及其品牌，甚至诉诸法律或媒体，也可以视为顾客对企业营销活动的一种反向激励形式，这属于和合营销的范畴。

## 第二节　和合激励的类型

和合管理包括自我管理、向上管理、向下管理和平行管理四个方面，与之相应，在和合管理视角下，和合激励也包括自我激励、向上激励、向下激励和平行激励四个方面。

## 一、自我激励

自我激励就是组织成员拥有自动自发的内生动力，自觉自愿以饱满的激情投入工作，并进行自我约束和自我调节。组织成员的这种内驱力一般而言来自内心的需要和动机，这一层次的需要多为精神层面的自我实现和尊重的需要，表现为探索欲、创造欲、成就感、情怀、理想信念、信仰追求、愿景希望等。

中华传统文化始终把修身作为一个合格管理者的首要任务，而修身的内生动力则是齐家、治国、平天下的抱负与追求。"见贤思齐焉，见不贤而内自省也"（《论语》），意思是看到有德行、有才能的人就向他学习，希望能在其中和他看齐；见到没有德行的人就要在内心反省自我的缺点。《礼记·中庸》曰："好学近乎智，力行近乎仁，知耻近乎勇。知斯三者，则知所以修身；知所以修身，则知所以治人；知所以治人，则能成天下国家者矣。"《孟子·尽心章句下》曰："君子之守，修其身而天下平。"《论语·为政》曰："为政以德，譬如北辰，居其所而众星共之。"以道德原则治理国家，就像北极星一样处在一定的位置，所有的星辰都会围绕着它。

在中国传统文化中，有丰富的激励自省、鼓励慎独、勉励修身等关于内在驱动力的言论。"天行健，君子以自强不息""地势坤，君子以厚德载物"（《周易》）。意思是说，天运行康泰良好，君子应该效仿天而自强不息；大地气势厚实和顺，君子应增厚美德，容载万物。这是《周易》关于理想人格的重要思想，激励着华夏儿女奋斗不息。正如孔颖达在《周易正义》中所言："君子之人用此卦象，自强勉力，不有止息。"《论语·卫灵公》中有："君子求诸己，小人求诸人。"君子要求的是自己，小人要求的是别人。组织成员树立理想信念和追求目标，警醒激励自己奋发努力，是组织发展的动力源泉。

## 二、向上激励

在组织活动中，处于下级的被管理者支配组织资源的权力一般小于上级领导，因而，下级被管理者对上级领导的激励形式通常体现为以精神激励为主，以物质激励为辅。归纳而言，我国古今管理实践中，被管理者对管理者采用的激励形式主要有以下几个方面。

1. 测评与推荐

民主测评领导干部，一般是在职工代表大会领导下，由职工代表大会主席团或评议干部专门委员会主持进行，以任期目标和岗位责任制为依据，由职工代表从德、能、勤、绩、廉等方面对领导干部进行民主评议。显然，如果职工代表（被领导者或被管理者）能够公正、客观地对领导干部做出评价，称职的领导干部会得到有效的激励，不称职的领导干部则会得到一定的鞭策与警示。民主测评与推荐领导干部是被管理者激励管理者的一种正式渠道与方式。

2. 歌功颂德

歌功颂德是指被管理者对管理者的功德与政绩采取各种形式进行颂扬。在我国古今管理实践中，被管理者对管理者歌功颂德的方式主要有以下几种。

（1）树碑立传。是指通过碑文、传记对一个人的事迹进行颂扬，使其流传久远。在我国封建时代，百姓颂扬官吏的德政，多采用刻石立碑的形式，将要歌颂的人的功德以传记体的形式刻于石碑之上，名为"德政碑"（当然，有些德政碑是乡绅名士借百姓之名行谄谀之实）。

（2）送万民伞。旧时绅民为颂扬地方官的德政，常常会赠送一种被称作"万民伞"的物件给他，伞上缀有许多小绸条，上书赠送人之名氏。

（3）挂功德匾。匾是题字的横牌，挂在门或墙的上部，一般为木制，也有用绸布做成的。乡民为了颂扬官吏的功绩，常常会送题有赞扬文字的功德匾。

（4）文学、文艺作品颂扬。对于功绩卓著的管理者，被管理者还会采用歌曲、小说、诗词、戏曲、电影、电视剧等形式进行颂扬。例如，包拯、海瑞、寇准、况钟等清官廉吏都是我国戏曲舞台上常演不衰的人物，许多清官戏还纷纷搬上电影银幕；1976 年周恩来总理逝世后，许多人撰诗赞颂和悼念，民歌《绣金匾》就表达了对毛泽东、周恩来、朱德、刘少奇四位国家领导人的怀念。

（5）其他激励形式。现实生活中，一些被管理者常常会采取赠送锦旗、镜匾、字画或工艺品等写有表彰或感谢字句的物件给管理者。一些政绩卓著、深得民心的管理者去世后，百姓还会为其塑像，建造纪念馆（堂），以表怀念。

3. 口碑与名誉

口碑是指大众口头上的称颂。在现实生活中，百姓对于真正善待自己的管理者一般会口耳相传、颂其功德。在我国古代，一些为政者已经认识到口碑的重要性，正所谓"劝君不用镌顽石，路上行人口似碑"（宋·释普济《五灯会元·卷十七》）。名誉，即名望与声誉，是被影响者对影响者活动的评价。墨子从人性上去寻找兼爱的动力，将人追求功名之心作为道德修养的内在动力，他说："名不徒生，而誉不自长，功成名遂。名誉不可虚假，反之身者也"（《墨子·修身》）。当今社会，广为流传的则是"金杯银杯不如百姓的口碑，金奖银奖不如百姓的夸奖"。如果管理者的工作能够得到被管理者普遍的口耳相传的称颂与赞扬，对管理者而言，无疑是一种有效的激励。

4. 尊重与拥护

管理者的工作如果能够得到被管理者的肯定，虽然不一定有树碑立传、歌功颂德、送匾送旗等有形的激励活动，但被管理者发自内心的尊重、支持、拥护和爱戴，也是对管理者有效的鼓励与赞扬。2004年，沈浩同志被选派至安徽小岗村担任党支部书记。他在任的6年内，小岗村有了一系列新变化，沈浩被小岗村人"三次集体按下红手印"留在了小岗村……在企业营销活动中，顾客对企业的激励则体现为顾客对企业品牌的忠诚及对其产品的重复购买。

5. 谄媚与贿赂

历史上，由于社会分工意义上权力的本意长期被异化，权力对被管理者而言形成至高无上的掌控力，以至于社会上形成"权力崇拜与痴迷"的风气，被管理者中谄媚上司者不在少数，贿赂当权者的现象不胜枚举，留意时下现状，溜须拍马者并不鲜见，可谓"拍马是为了骑马，溜须是为了讨好，贿赂是为了走私"，这也属于对上司或当权管理者的一种精神或物质激励。英国哲学家休谟在《论艺术和科学的兴起与进步》一文中分析，"想往上爬的人必须眼睛向下才能得到人民的选票"和那种"注意力朝上，用讨好与奉承来求得恩惠和大人物的宠爱"是两种截然不同的成功之道。当然，这种激励显著的属性是"走私"，与组织目标的实现常常相悖反，常常受到正义力量的鄙视和公众的集体性抵制，绝不属于组织管理中应该提倡的和合激励措施。

### 三、向下激励

向下激励，即西方管理学所提管理者对被管理者的激励，如图6-2所示。

在西方管理学视角下，广义的激励包括政府与社会对企业投资者的激励，投资者对其代理人——职业经理人的激励，企业高层管理者对其所属中层管理者的激励，企业中层管理者对其所属基层管理者的激励，基层管理者对其所属执行层员工的激励等一系列激励活动。从更为广泛的层面分析，企业针对目标顾客的促销活动、企业对顾客关系的管理，实质上都是一种以满足目标顾客需要为核心的激励活动；狭义来说，传统管理学一般把激励划归在领导职能之下，激励者专指履行领导职能的管理者，激励对象则主要指领导下属的员工或者领导对象。可以说，西方管理学视角下的激励活动基本上是一种自上而下的，由管理者到被管理者以及企业对顾客的单向度激励。

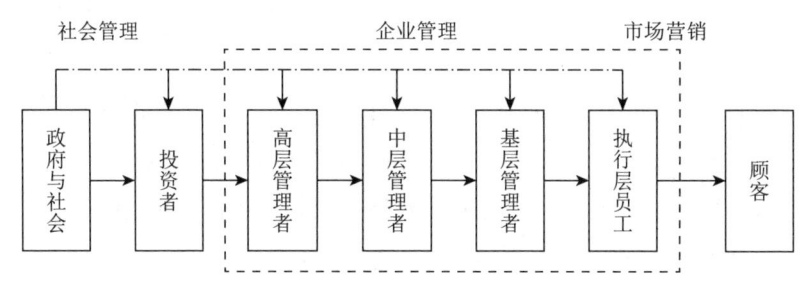

**图 6-2　传统管理学视角下的单向激励**

这种单向度的激励最大的缺点是，管理者主动而执行者（被管理者）被动，对于组织目标的实现而言往往是领导积极而下属消极。其给管理实践带来的后果可能有几种情形：

第一，理论上理想化地确立被管理者的主体性、主动性地位，实践中却尴尬地致管理者于左右为难的境地。被管理者到底是人性本恶的 X 型人，还是人性本善的 Y 型人，还是随机应变的 Z 型人，管理者对此一筹莫展，管理者到底该实施"胡萝卜加大棒"的管理措施，还是贯彻实施"大献殷勤"的人本管理，似乎并非管理者自己所能把握得准的。管理者刻意小恩小惠或大献殷勤于被管理者，注意在细节上关心人，留心在形式上尊重人，却远未从人理、物理、事理上做到真正的以人为本。众口难调，常常导致管理者进退两难、吃力不讨好、左右不是人。

第二，被管理者对管理者寄予厚望，希望管理者能善体民情、民意，应该对自己无微不至地关心，考虑周全地尊重，然而，虽然管理者的管理幅度实际地大于1，但管理者的关心幅度对于每个被管理者来说定然会小于1，其结果必然是被管理者怨声载道、牢骚满腹。

第三，被管理者希望管理者能够公平处事，甚至同情弱者、慈善为怀，然而企业追求效率、效益的本性，要求管理者必须以牺牲一定的公平为代价，这也必然造成被管理者对管理者的埋怨，甚至仇视或者敌对。

第四，管理者下属的各部门、各群体、各个体都有各自的利益追求、价值观念、信念态度等属性，这些因素必然影响着被管理者对管理者所作所为的评判标准。诸如此类的情形，在不可避免地拉低员工积极性与组织效率的同时，由于管理者的辛劳、努力及业绩得不到被管理者的较为客观的认可与肯定，管理者设定的组织目标得不到被管理者的拥护与支持，管理者追求组织目标的积极性也会由此受到极大的打击与挫伤。

在中国传统文化中，君于臣、官于民，甚至更广泛的上下级关系中，也有着丰富的激励思想。《中庸》中，孔子谈到了治理天下的九经：修身、尊贤、亲亲、敬大臣、体群臣、子庶民、来百工、柔远人、怀诸侯。对于不同人群，激励方法各不相同。对于家人，"尊其位，重其禄，同其好恶"，即尊重其地位，给予丰厚的俸禄，与其同好恶；对于大臣，则"官盛任使"（《中庸》），即让大臣拥有权力，掌握资源，集中精力担当大事；对于士人，则"忠信重禄"（《中庸》），即要恪守承诺，给他们丰厚的俸禄。具体激励，也要与考核挂钩，"日省月试，既廪称事"，即每天统计工作量，每月考核，保证发放的报酬与他的工作质量相称。

《周礼·天官冢宰·大宰》主张以八柄诏王驭群臣："一曰爵,以驭其贵。二曰禄,以驭其富。三曰予,以驭其幸。四曰置,以驭其行。五曰生,以驭其福。六曰夺,以驭其贫。七曰废,以驭其罪。八曰诛,以驭其过。"意思是说,可以使用八种权柄辅佐君王、驾驭群臣：第一,授予爵位,使获得爵位者尊贵；第二,授予俸禄,使得俸禄者富裕；第三,赐予,使受赐予者获得恩宠；第四,任用提拔,勉励提拔者的贤德；第五,赦免,使被赦免者免于死罪；第六,剥夺家产,使被剥夺者陷入贫穷；第七,废黜,使被削职者受到惩罚；第八,处以死刑,使被处死者因罪过而遭受祸患。前五个方面属于正向激励,后三个则属于处罚性质的负激励。

《周礼·天官冢宰·大宰》主张以八统诏王驭万民："一曰亲亲,二曰敬故,三曰进贤,四曰使能,五曰保庸,六曰尊贵,七曰达吏,八曰礼宾。"大宰职责中的"八统",是八种辅助君王统御天下万民的方法。包括亲近亲族、不怠慢故旧、举荐贤人、任用有才能的人、抚慰有功劳的人、尊敬身份尊贵的人、提拔有作为的官吏、礼待宾客等,皆属于正激励的有效手段。

### 四、平行激励

平行激励就是组织内部同一层次人员之间互相激励的活动。其激励方式大体可以分为三类。

1. 正激励

一个组织内部,如果能够形成同事之间互相鼓励、互相帮忙、和和气气的氛围,无疑是有利于组织发展的。

《论语》中,子路问曰："何如斯可谓之士矣？"子曰："切切偲偲,怡怡如也,可谓士矣。朋友切切偲偲,兄弟怡怡。"意思是朋友之间互相督促勉励，兄弟之间相处和和气气，就可以算是士了。子曰："夫仁者，己欲立而立人，己欲达而达人。能近取譬，可谓仁之方也已。"意思是自己立身修德，推己及人，也要让别人立身修德。自己要腾达，推己及人，也要让别人腾达，能做到才算得上仁。仁是华夏儿女不可或缺的道德准则，体现了传统文化教导人们要树立以天下为己任的雄心壮志。

2. 竞合激励

和合并不等于静止，和合不等于永远维持原有的均衡，组织需要不断创新，随时注入新的元素和内容、采取新的举措，打破原有的均衡，在竞合中实现组织成员能力提升与组织发展。

管理学中常提到的"鲶鱼效应"源自挪威渔民的实践，渔民捕捞上沙丁鱼后，放入鱼槽，在装满沙丁鱼的鱼槽中，因为缺氧，沙丁鱼很快就会失去活力而死去，于是渔民在鱼槽中放入几条鲶鱼，鲶鱼的活动和存在迫使沙丁鱼不断游动，从而避免窒息，保持了活力。"鲶鱼效应"是领导激发员工活力的有效措施，作为一种制造危机感的竞争机制被广泛应用到组织管理中，通过引入具有挑战性和竞争性的新成员或新措施，激发团队或组织的活力，提高工作效率和创新能力。

一位美国企业家曾说："你要想搞垮一个企业，很容易，只要往那里派一个具有40年管理经验的主管就行了。"海尔深谙这句话的深意。在海尔，管理层普遍呈现年轻化的特点，且岗位经常轮换，在用人上采取赛马不相马的规则，形成了自己独特的用人风格。[1]

3. 负激励

负激励与管理学中所说的正激励相反，不是鼓励、奖励与赞赏，而

---

[1] 马萧.赛马不相马：海尔的用人之道[J].创业者，2006，(1)．

是采取相反的做法，激发组织成员的斗志与活力。常用的方法有羞辱、批评、蔑视、轻视、冷嘲热讽、挖苦嘲笑等。在和合管理中，这种激励方法不能多用、不能常用、不能乱用，应该慎用、巧用和妙用。

《史记》和《资治通鉴》中都有记载苏秦智激张仪的故事。苏秦凭借着他的雄辩之才，在赵国担任宰相，联合六国之力对抗秦国，达成了合纵的盟约。与苏秦一起在鬼谷子门下求学的张仪，在楚国游历却不得志，于是张仪去投奔苏秦。在赵国商人贾舍人的资助下，张仪拿着名帖去赵国拜见苏秦，本以为可以受到苏秦的热情款待，但苏秦对他却态度傲慢、冷嘲热讽、极尽羞辱。张仪无法忍受羞辱，发誓一定要报这羞辱之仇。于是在贾舍人的资助下，投奔秦国做了客卿。后来张仪才知晓，苏秦担心秦国攻打赵国，会破坏他的合纵大计，于是便安排贾舍人去资助他，又使了一个激将法，让他一怒之下到秦国去做官，如此便可以里应外合，延缓秦国的进攻计划了。激将法就是常用的一种负激励方法。

"蓝军理念"最先应用于军事训练，通过模拟"蓝军"的方式，对"红军"部队进行磨砺和检验，其作用在于从不同的视角检验"红军"战略和战术层面的漏洞和问题，从而提高"红军"决策的科学性和作战能力。[1]管理工作中，引入"蓝军理念"，能促使"红军"适应内外环境变化，补足短板、提升能力。

华为的"蓝军参谋部"酝酿于2006年，隶属于公司战略与发展委员会下的战略Marketing体系。部门人不多，但皆是精英。"蓝军参谋部"的定位是：负责构筑组织的自我批判能力，推动在公司各层面建立红蓝军对抗机制，通过不断的自我批判，使公司走在正确的方向上。在公司高层领导团队的组织下，采用辩论、模拟实战、战术推演等方式，

---

[1] 付珂语，赵晶.蓝军理念：组织升级"强心剂"[J].企业管理，2021，(6).

对当前的战略思想进行反向分析和批判性辩论，在技术层面寻求差异化的颠覆性技术和产品；从不同的视角观察公司的战略与技术发展，进行逆向思维，审视、论证"红军"的战略、产品、解决方案存在的漏洞或问题，模拟竞争对手的战略、产品、解决方案。"蓝军"存在的价值，就是基于强大的战略洞察力，发现公司现在可能存在或潜在的关键问题，预判行业前沿技术趋势，提出公司未来前进的大致方向。[1]

## 第三节　和合激励实践

和合是社会关系的润滑剂，其包括感恩、回报、礼尚往来等，例如文娱演出、公众演讲、学术报告等活动中，受众对演员、演讲人、报告者给予掌声鼓励等现象都是社会关系中和合互动、和合激励的具体体现。受帮助者为见义勇为者、做好事者写感谢信，社会对英模事迹的宣传、表彰，也是对英模的一种和合激励。

首先，在作为社会关系载体的组织内部，注重管理者与被管理者之间和合互动的激励是提高组织绩效的一个重要方略。在组织活动中，管理者对被管理者的激励与被管理者对管理者的激励，都是有效实现组织目标的重要影响因素。管理实践中，我们在倡导、要求管理者称职的同时，也应深入思考，如何做个理性的被管理者，如何做个能够有效激发管理者最大积极性和效能的被管理者，这一思考与行动最终的受益者无疑是被管理者自身。

其次，和合激励的基本原则是公正客观。例如，组织活动中，被管

---

[1] 何绍茂. 华为战略财务讲义［M］. 北京：中信出版社，2020.

理者对管理者的激励不应是无原则的溜须拍马与阿谀奉承，而是被管理者对管理者业绩公正客观的评价与肯定，是被管理者对管理者行为友善的理解与颂扬。

最后，践行基于和合文化的中国式和合激励，其前提是管理者和被管理者有着统一的和合主题与和合目标。管理者和被管理者的行为是建立在一定生产关系和企业制度基础上的，社会生产关系与企业制度不同，作为管理者或被管理者的和合态度与行为也会不同，和合管理的效果和效益也会不同，被管理者针对管理者，是否实施激励行为、采取哪种方式实施激励也会有很大不同。

尽管管理者和被管理者都是具有和合属性、理性追求和合利益的和合人，但只有管理者与被管理者之间不存在根本的利益冲突，并且围绕统一的和合主题形成合作共赢的和合体，管理者、被管理者有着统一的与组织目标一致的行为趋向，组织成员的自我激励、管理者对被管理者的向下激励、被管理者对管理者的向上激励以及组织成员之间的平行激励都以实现共同的组织目标为导向，凝心聚力，才能实现组织目标、管理者目标、被管理者目标的统一。

# 第七章
# 和合目标管理

通俗来说，和合就是尊重差异，求同存异，求异存同，合作共生，共生共赢，各美其美，美美与共。作为一个或大或小的组织管理者，要把脾气性格各异、年龄性别不同、志趣追求各异、家庭背景各异、价值观念各异、目标信仰各异、行为方式各异的人员聚拢来，形成心往一处想、劲往一处使，具有显著凝聚力、向心力和战斗力的团队，这样规划实施和合目标管理最为有效。

## 第一节　和合目标管理的内涵

和合，既是一种哲学理念，又是一种运行状态，也是一种管理方式。和合管理就是通过构成组织的各成员的和合互动，构建有利于组织运营发展的既各正性命、各尽所能、各当其事、各取所需、各得其所，又和气生财、合作制胜、密切协作的和谐组织生态。

目标管理是组织决策层根据组织的使命，按照股东或上级主管部门的意图及本组织的具体情况，确定一定时期内组织的总目标，然后逐级分解落实到各个部门和各个岗位的分目标，并把各个层级的这些分目标作为评估组织经营和奖励组织业绩的标准的一种管理办法。其成果是形成一个全组织、全过程、多层次的目标管理体系，其目的是实现"千斤重担大家挑，人人头上有指标"，达到激发和动员全体组织成员参与确立目标并为目标实现而奋斗的目的。

20世纪50年代，美国管理学家彼得·德鲁克在《管理的实践》一书中提出了"目标管理"的概念，这一理论认为"任何企业都必须建立起真正的团队，并且把每个人都努力融合为共同的力量。企业的每一分子都有不同的贡献，但是所有的贡献都必须为了共同的目标。企业绩效要求的是每一项工作必须以达到企业整体目标为目标"。

现代管理虽然源于西方，根植于西方文化，但是，其中许多内在哲理其实都与中国传统文化有着很深的渊源和高度的契合。

和合管理的任务是形成和合目标，和合管理的目的是产生和合效应。有效的和合目标管理，必须坚持"执两""用中""行权""致和"四项基本原则。组织管理实践中，和合管理目标一般有三种情形：理想的目标和合情境、局部的目标和合情境和目标互不和合的情境。

和合目标管理就是实施"执两"职能，贯彻"用中"原则，应用

"行权"艺术，以"致和"为任务，实现管理者个人目标、被管理者个人目标、组织目标的和合统一，以确保组织目标的高效实现。

和合管理的任务是形成协调一致的和合目标。正如阿里巴巴集团创始人马云所说：不能统一人的思想，但要统一人的目标……不要让你的同事为你干活，而要让他们为我们的共同目标干活。不刻意追求统一人们的思想便是不同而和，统一人们的目标是和而不同。这一观点所体现的就是和合管理哲学。

## 第二节　和合目标管理的原则

源起于西方的目标管理深刻地体现着和合管理"中和思想"的要义，有效的和合目标管理过程中，必须坚持"执两""用中""行权""致和"四项基本原则。

### 一、执两

"执两"，即兼顾各方利益。概括而言，目标管理是组织管理中，根据组织的使命，上级和下级一起协商，确定一定时期内组织的总目标、部门目标和岗位目标，并把这些目标作为组织经营管理、绩效评估和奖励标准的一种管理办法。如果一个领域没有目标，这个领域的工作必然被忽视。目标管理的作用，一方面是将管理者和员工的工作重心聚焦在共同目标上，为工作提供方向指引；另一方面，设置明确的目标为评估测试、改进提高提供必要的保障，有利于目标的实现。

和合目标管理在面对相互冲突，甚至对立时不是简单地进行选择，而是进行建设性的思考，创造性地解决不同利益主体之间的冲突，形成一个既兼顾各方利益又优于现有组合的新模式。也就是说，在面对相互冲突甚至对立的事物时，寻求解决方案不是简单地进行选择，而是要找到新的解决方案，从中得出汇集两方优势的更佳的解决方案。正如传统文化提倡"叩其两端，允执其中"，辩证地看待矛盾的对立面，在处理问题的过程中不是简单地二者选其一，而是"执两用中"，达到中和的目的。

"执两"就是要准确认识并切实考虑社会目标与组织目标、组织目标与组织成员个体的目标、上级目标与下级目标之间客观地存在着差异。和合既是一种积极的管理哲学，也是一种有效的管理行为；既是一种积极的互动行为，也是一种有效的互利状态。在和合管理过程中，和合各方通过和合行动实现和合目标的程度，我们可以称为"和合效果"。评价和合效果优劣的主要依据是和合各方是否实现共赢以及实现共赢的程度，总体而言，有"1+1=2""1+1＜2""1+1＞2"三种结果。显然，和合管理所追求的是"1+1＞2"的和合状态。一方受益、另一方受损或者双方都不受益的和合行为是无效的和合行为，或者说并不属于严格意义上和合行为的范畴。

管理者要摒弃"非此即彼"的固定思维模式，更多地倡导各利害相关者在竞争中合作，寻找各利害相关者目标"适度"的平衡点，最终实现多赢。实施和合目标管理，管理者要把握企业短期目标与长期目标、局部目标与整体目标、个人目标与组织目标的均衡。长远目标具有激励导向作用，而短期目标能够考量短期工作进展，所以从宏观处着眼，确定长期目标后，要从小处入手，制定可以实施的短期目标，做到短期目标与长期目标的和合统一。要使实现个人目标有助于达到组织目标，关键在于组织内成员对组织的认可与信任程度的高低，在实际管理中，管理者可以运用各种有针对性的激励手段，寻找员工个人与企业发展的契合点，让员工把企业当作实现个人目标的平台，致力于与企业共同进步。

## 二、用中

"用中"，即正视各方目标的差异。《礼记·中庸》将"中"概括为处理万事万物的根本："中也者，天下之大本也。"理学家程颐认为"不偏之谓中"，即不左不右、不上不下，恰到好处，无过而无不及。孔子认为：凡事叩其两端而中便是正道，"过，犹不及"。中华传统文化中，"中"一般有中道、时中和适中三层含义。中道，即遵循合理的制度和规律，讲的是"中"的标准或尺度。从目标管理的角度来说，无论是组织目标还是个人目标，皆不能违背合理的制度和规律。时中，即具体问题要具体分析，强调在不同的时空条件下，要随时权变以合于中。至于适中，强调的是"执两"，即不偏执、不走极端。

"用中"就是要均衡"两端"的矛盾、正视各方目标的差异、兼顾各方的利益。管理的载体是组织，组织是由两个或两个以上的成员为了实现各自的目标组合而成的有机整体。管理者应该清醒地认识到，一方面，组织成员是不同的利益主体，在组织活动中不可避免地会出现各种各样目标无法统一的利益冲突，同时，组织成员在思想意识、价值观念、行为方式、信仰追求、兴趣爱好、知识素养、文化背景、道德操守、个体素质、个性特征等诸多方面存在着诸多差异，出现各种各样的冲突既是客观的，也是现实的问题；另一方面，为了实现各自的目标，又必须按照一定的方式相互合作，共同构建一个命运共同体，才能实现他们各自的目标，这便是残酷的现实。正因为人类组织化生存方式的客观必然性与必要性，和合管理既是必需的，也是重要的，这不仅关系到组织目标的实现，更为主要的是，其关系到人在组织中的存在状态和个体目标是否能够实现。这就要求管理者,一方面要认可人性天然地具有和合属性的假设,并把它作为管理理念的核心,即关注每一个个体成员的存在状态,力求各正性命、以人为本;另一方面则要以和合管理理念来化解或消除利益目标上的差异与冲突,这便是和合目标管理的过程。

### 三、行权

"行权",即权变以合于中。《礼记·中庸》说:"君子之中庸也,君子而时中。"中道需要根据实际情况而有所权变,"执中"辅以"行权"才是完整的中庸之道。孔子认为,既要事事依道而行,又要不囿于常规,随时通权达变。事物的发展变化和多样性,决定了需要根据实际情况做出适中的判断,用适当的方法解决具体的问题。

在目标管理过程中,一般来说,目标一旦确定就不能轻易改变,这使得组织运作缺乏弹性。同时,目标管理注重目标完成情况的考核,而考核在实际操作中往往会与奖惩挂钩,会造成组织内部的压力和恐惧及内部人际关系的紧张。

在目标管理实践中,目标规定了总的方向,但是组织环境是动态变化的,面对变化多端的外部环境,有效的和合目标管理要求管理者有权变的意识与胆略,实施过程中需要具有"行权"的艺术。所谓"行权",即具体问题要具体分析、具体对待,强调在不同的时空条件下,随时变通以合于中。

### 四、致和

"致和",即和而不同以共赢。目标管理是组织决策层在兼顾组织成员需要和目标的基础上,制定出整个组织的总体目标,然后逐级展开并落实到每一个组织成员,形成一个全组织、全过程、多层次的目标体系，以达到激发和动员组织成员参与目标并为目标实现而奋斗的管理活动过程。

目标管理的困难在于如何设定目标，即设定什么目标和如何衡量目标。首先，将组织的使命和愿景转化为企业的经营目标对管理者提出了很高的要求，而且企业发展的不同阶段、面临环境的复杂性、组织管理体制等因素，都可能影响目标的设定，即使设定了组织整体目标，也很难保证部门目标、员工目标与组织目标一致。其次，员工参与目标设定，常常演变成上下级讨价还价的过程。最后，易于使用的目标实现程度的衡量标准需要用定量或者行为语言表述，但实际上设计定量的易于衡量的标准往往比较困难。解决这些困难的有效途径是和合管理。

和合目标管理，在整合组织成员个人需求目标形成组织整体任务目标，将组织整体任务目标分解成各部门、各环节、各成员任务目标的过程中，必须做到"执两"和"用中"。"执两"就是要清醒地认识到并有效兼顾组织外部目标与组织内部目标、组织整体目标与组织成员个体目标、组织上级目标与组织下级目标的价值差异。"用中"就是要均衡"两端"的矛盾、兼顾各方面的利益。

可以说，"中"是手段，"和"是目的，也是衡量"中"的标准。"致和"既是拟定组织目标的原则，也是衡量目标管理有效性的标准。所谓"致和"，就是要促使组织与社会、组织整体与个体、组织上级与下级实现均衡、有序、可持续的发展。各利益相关者目标两端或多端的失衡，必然会导致组织的动荡与混乱。现代目标管理深刻地体现出了和合管理思想的内在要求。和合管理理论与实践的核心内容，就是探求并解决企业如何构建、拓展和治理与各利害相关者之间和合关系的规律性问题。

现代企业，既要做好成本控制，实现企业利润的最大化，同时最大限度地实现股东与员工的利益,还要承担相应的社会责任,避免企业经营活动的负外部性,提高企业经营活动的正外部性,实现企业、股东、员工与社会的协同发展,达到帕累托最优状态。在企业实现目标的过程中,也应履行相应的社会义务,承担相应的社会责任,降低企业经营成本,赢得良好的社会声誉,树立良好的企业形象。如果企业只是一味地追求利益而不承担相应的社会责任,那也会失去发展的社会环境。和合目标管理既是一场博弈,需要妥善处理好企业管理中层出不穷的矛盾与问题,也是一场通力协作的"合奏",使企业的战略目标得以实现,并实现企业的可持续发展。

## 第三节 和合目标管理的情境

组织活动中,管理者与被管理者其实是以组织的形式形成一个命运共同体,组织目标实现的低效或无效不仅意味着管理者的失败,同时也意味着被管理者个人价值未实现,也必将导致被管理者工作回报较低或没有。目标管理之父彼得·德鲁克曾说:"今天的社会有两种需要:对组织而言,需要个人提供贡献;对个人而言,需要以组织作为达成其个人目的的工具。"可见,代表组织整体利益的管理者与追求个体利益的被管理者试图通过组织运营实现各自的目标决定了"和合目标管理"的必然。巴纳德在其《组织与管理》一书中将人们的身份划分成与个人特征相联系的职能身份和与群体特征相联系的等级身份,这两种身份相应具有两种不同的功能,即个人功能和合作功能。毫无疑问,组织管理中,若想达到个人身份和群体身份的平衡,就必须保证个人需要和组织需要的和合统一。如果管理者过分注重组织身份而忽视被管理者的个人身份，组织就会因被管理者需要无法满足而消亡。

管理实践中，各行为主体都有其或明显或潜在、或内隐或外露、或短暂或长远的行动目标。和合管理最基本的任务就是要把管理者个人目标、被管理者个人目标、组织目标一致化成基本统一的和合目标。组织管理实践中，一般有以下三种情境。

## 一、目标完全统一的情境

如图 7-1 所示，显然，目标完全统一的情境是管理者个人目标、被管理者个人目标、组织目标达成了一致。只有这样，管理者、被管理者才能心往一处想、劲往一处使，为组织目标的实现积极努力工作。同时，组织目标的实现必然会带来管理者、被管理者个人目标的实现。

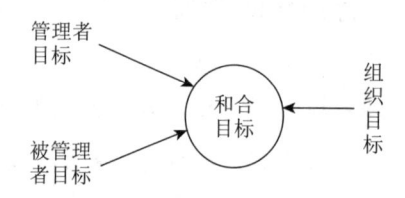

图 7-1　目标完全统一的情境

## 二、目标局部统一的情境

目标局部统一的情境是指管理者个人目标、被管理者个人目标、组织目标中未能达到和合一致，但其中有两个主体的目标实现了和合统一。其中，图 7-2 所示的状况是最不理想的一种和合目标管理情境，表现为管理者、被管理者与组织目标背道而驰，相互勾结侵蚀组织利益。而图 7-3 和图 7-4 则是管理者或被管理者中有一方比较消极被动，表现出对组织目标的漠视。

图 7-2　最不理想的和合目标管理情境

图 7-3　管理者消极而被管理者积极的和合目标管理情境

图 7-4　管理者积极而被管理者消极的和合目标管理情境

## 三、目标互不统一的情境

目标互不统一的情境是指，管理者个人目标、被管理者个人目标、组织目标三者中，任何两者都做不到和合统一的状况。这又分两种情况，图 7-5 所示的状况是，管理者个人目标、被管理者个人目标、组织目标两两相悖、互相抵消。图 7-6 所示的状况是，管理者个人目标、被管理者个人目标、组织目标虽然达不到和合一致，但两两平行，互不冲突与抵消。

图 7-5　两两冲突的和合目标管理情境

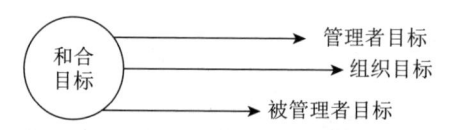

图 7-6　两两平行的和合目标管理情境

## 第四节　和合目标管理方略

目标决定方略，有什么样的管理目标，就会有什么样的管理方略，管理方略是为管理目标服务的，和合管理也一样。和合目标管理就是要通过和合管理体制的构建、和合文化的营造、和合管理战略与策略的规划实施实现管理者个人目标、被管理者个人目标、组织目标的和合一致。

### 一、目标完全统一情境下的和合管理

目标完全统一情境下的和合管理，如图 7-1 所示，是管理者、组织、被管理者目标实现和合统一的理想状态，这其实是一个涵盖三个方面、涉及许多个体目标的整合与和合的过程。需要管理者通过系统性的规划与设计，规划实施系统的管理方略以尽可能地实现此理想目标。常

见方略有以下四个。

1. 构建命运共同体

和合管理的方式或和合管理的结果是构建一个和谐相依、合作共生、融突共赢，实现各利害相关者共同利益的命运共同体。命运共同体是各利害相关者和合的一种组织方式或组织结构。建立一种休戚与共、同舟共济、利益一致的命运共同体，是理想的和合管理目标情境下和合管理的基础。

具体而言，可以是定下一个共同目标，然后分解到各个和合主体，也可以是各和合主体拟定自己的目标，然后整合形成组织的统一目标，在共同的目标指引下，最大限度地发挥每个和合主体的聪明才智和能动性，给每个和合主体一个适合自己的平台，保证每一个和合主体都往统一的目标方向努力。需要注意的是，统一目标并非统一思想，而是在统一目标前提下解放思想，这是因为如果统一了思想，就限制了思想的发展，从而也就限制了创造。

"上下同欲者胜"，上下一心是组织做好一切工作的根本前提，目标是行动的先导，统一目标才能统一行动，凝聚共识才能凝聚力量。思想上同心同德，目标上才能同心同向，行动上才能同向同行。《孙子兵法·始计篇》所列五事七计的第一事就是"道"："道者，令民与上同意也，故可与之死，可与之生，而不畏危。"所谓道义，就是要使作为被管理者的民众与作为管理者的君上的主张相通，因为老百姓一人一张口，每个人有不同的想法，不一定都愿意打仗，如果将帅（领导或管理者）能够说服众人（被管理者），让他们认同我们的战争是合乎道的正义之战，那就会得到绝大多数人的支持，从而实现不畏艰难、不怕牺牲，齐心协力取得最后胜利的效果。

2. 设计和合管理体制

最有效的方略，莫过于从体系、组织结构、管理制度等方面设计并构建一种有效形成和合目标的企业管理体制。这要以深入分析组织、管理者、被管理者等诸多个体的目标为前提，以实现各方目标最大化为导向，最终达到各方利益最大化的共赢局面。例如，早在明末清初，晋商就开始实行"顶身股"制度，有效地通过制度设计将出资者、管理者、雇员、伙计缔结成稳固的命运共同体。2010年，方太集团董事长茅忠群借鉴晋商"顶身股"制度，在集团总部实行"全员身股制"，员工只要入职满2年，方太集团就会根据员工的职位高低、贡献大小，给每位员工一定数量的分红股权，方太集团承诺拿出5%的利润分给入职2年以上的员工。大多数企业的激励制度只针对高管和骨干成员，但方太集团却全员覆盖，甚至将一线员工也包括在内。茅忠群认为，儒家强调仁义，对企业而言，仁义就是为员工着想。近几年，华为、阿里巴巴、碧桂园、旭辉地产、海尔、韩都衣舍、爱尔眼科等企业纷纷实施以"利益共享"为核心内容的合伙人制度，而且越来越多的中小微企业也纷纷导入合伙人制度，建立和合管理体制，使员工与公司形成利益、事业、命运紧密关联的命运共同体。

3. 制定和合管理规则

无规矩不成方圆，无论是个人、企业、地区层面还是国家、世界层面的命运共同体构建与治理，都需要制定相应的规则、协议或道德主张，只有在这些规则和协议的规范约束下，才能确保命运共同体有序运行，实现预期目标。这就需要各个和合主体心存敬畏心与规矩意识，遵守约定的游戏规则，诚信合作、求同存异、顾全大局，以命运共同体的利益为导向，努力实现和合共赢的目标。《三略》的开篇也说道："夫主将之法，务揽英雄之心，赏禄有功，通志于众。故与众同好，靡不成；

与众同恶，靡不倾。治国安家，得人也；亡国破家，失人也。"得人心者得天下，失人心者失天下。

《管子·法禁》曰："圣王之身，治世之时，德行必有所是，道义必有所明；故士莫敢诡俗异礼，以自见于国，莫敢布惠缓行，修上下之交，以和亲于民。故莫敢超等踰官，渔利苏功。以取顺其君。圣王之治民也，进则使无由得其所利，退则使无由避其所害，必使反乎安其位，乐其群，务其职，荣其名，而后止矣。故踰其官而离其群者，必使有害。不能其事而失其职者，必使有耻；是故圣王之教民也，以仁错之，以耻使之，修其能，致其所成而止。故曰：'绝而定，静而治，安而尊，举错而不变者，圣王之道也'。"意思是说，作为圣王，处在治世的时候，讲德行必须立下正确标准，讲道义也必须有个明确的准则。所以士人们不敢推行怪异的风俗和反常的礼节在国内自我表现；也不敢布施小惠，缓行公法和修好上下以收揽民心；也不敢越级僭职，谋取功利以讨好于国君。圣王治理人民，向上爬的总是要使他无法得利，推卸责任的总是要使他无法逃避惩罚。必须使人们回到安其职位、乐其同人、努力于职务、珍惜其名声的轨道上来，才算达到目的。所以，对于超越职权而脱离同事的人，应当使之受害；对于不胜任而失职的人，必须使之受辱。因此，圣王教育人民，就是用仁爱来保护，用惩罚来驱使，并提高他们的能力使之有所成就而后止。所以说，坚决而镇定，稳定而图治，安国而尊君，有所举措而不朝令夕改，这都是圣王的治世之道。

4. 营造和合组织文化

人的价值观不是一朝一夕形成的，也不是靠组织提供的培训可以短时间内形成的，不同出身、不同教育背景、不同生活处境的人的价值观不可能迅速统一起来。这就需要通过营造和合文化，实现组织成员或和合体成员价值观的大体一致。在和合管理实践中，不可能使所有个体的价值观实现高度统一，唯一可行的办法是使每一个组织成员认同组织的价值观，并且清醒地认识到组织的价值观和他们自身的价值观并不冲突，而且在践行组织价值观的同时，还有可能践行他们自己的价值观。《孙子兵法·谋攻》提到"上下同欲者胜"，意思是国君、统帅与广大民众、士卒上下一心，同仇敌忾，就一定能战胜敌人。正所谓"百将一心，三军同力，人人欲战，则所向无前矣"。

## 二、目标局部统一情境下的和合管理

### 1. 顶层设计

对于图7-2所示的管理者、被管理者与组织目标背道而驰，勾结侵蚀组织利益的情况，图7-3和图7-4所示的管理者或被管理者中有一方消极被动、漠视组织目标的情况，首先要做情况分析，查找原因。如果是管理体制与机制、文化氛围的原因，则要通过顶层设计的革故鼎新、制度创新、流程再造等方略解决。如果不是这些原因导致的，而是某一和合主体的原因造成的，则可以采取以下一些有针对性的措施。

### 2. 妥协让步

根据情况分析，必要或迫不得已时，例如对手十分强硬、人强我弱或者出于长远的考虑，可以适当采取让步与妥协策略。为了达到主要目标，就可以在次要目标上做适当的让步。任正非说："明智的妥协是一种适当的交换。"当然，妥协并不是完全放弃原则，而是以退为进，通过适当的交换来确保目标的实现。相反，不明智的妥协，往往是缺乏适当的权衡，或是坚持了次要目标而放弃了主要目标，或是妥协的代价过高而遭受不必要的损失。

### 3. 奖赏激励

激励是通过设计适当的奖酬制度和工作环境，通过一定的行为规范

## 第七章 和合目标管理

和惩罚措施，借助信息沟通，来激发、引导、保持和规范组织成员行为，以有效地实现组织及其个人目标的和合管理过程。如果经过分析发现个人目标、部门目标与组织目标相背离，某一和合体消极被动、对组织目标表现出被动与漠视的情况，其主要原因不是个人目标或部门目标与组织目标的根本性背离，而是组织成员个人或部门缺乏积极性造成动力不足，则可采取有效的激励措施，实现目标的和合。

铁木真不仅是一位能征善战的英雄，也是一位杰出的和合目标管理专家。他最大的优势不是指挥战斗，而是在草原上推动了一场制度改革，以此奠定了自己绝对的竞争优势。在铁木真之前，草原上的各个部落，基本上处于奴隶制社会阶段，极少数贵族、少数平民和大量奴隶构成每个部落的人员结构，当贵族对外发动战争时，一旦胜利，战争基本上就会演变成一场抢劫。分配模式主要有两种：比较小的部落，各抢各的，谁抢着算谁的，人们往往会因为急于抢劫而放弃继续战斗；比较大的部落，所有的战利品都要上交贵族首领，然后，贵族占有大部分，极少部分会分发给平民，奴隶一无所获，仅能糊口生存，人们的战斗热情不高，经常因为分赃不均产生内讧。铁木真通过制度创新，改变了这种状况。他制定了严格的分配方案，确保人人都能从战斗中获益。在这个分配方案中，最引人注目的，一是铁木真作为可汗，只分配战利品中的10%；二是奴隶的子女也有财产继承权。这样的分配方案，极大地释放了潜在的战斗力。由于实际战斗参与者的利益甚至会超过可汗，一名优秀的战士，往往可以通过一场大的战斗，改变整个家族的命运，所以，大家从为铁木真而战转变成为自己而战，打造出一支前无古人的举族而战、全民皆兵、主动请战的军队。而他们面对的宋、金等敌军，实行的是军饷制，为"工资"而战的部队和为"命运"而战的虎狼之师，一旦交锋，无异于以卵击石。铁木真一无所有，只是凭借一个全新的游戏规则，征服了人心，其他部落的精锐也纷纷投奔于他。[1]

4. 惩治处罚

对于管理者、被管理者与组织目标背道而驰，相互勾结侵蚀组织利益的情况，对于一些原则性问题，则应采取必要的惩罚措施，以负激励的形式促使组织成员规范行为，实施与实现组织目标相一致的行为。但这种惩罚性规范，很难避免"人在曹营心在汉"的现象，对于和合管理而言，并非长久之计。

### 三、目标互不统一情境下的和合管理

对于管理者个人目标、被管理者个人目标、组织目标两两相悖、互相抵消的情境，则要进行必要的重组和再造，以形成理想的和合目标管理情境。

1. 求同存异

对于管理者个人目标、被管理者个人目标、组织目标虽然达不到和合一致，但两两平行，互不冲突与抵消的情境，则要采取努力发现共同话题、发现共同利益点、构建实现共同目标的机制等方略，以实现组织目标的和合统一。道家认为天地万物以及人的处世都要按道行事，无论是天道还是人道，都是柔弱谦下彼此相容而不害的。《道德经》第二十二章有"夫唯不争，故天下莫能与之争"；第六十六章有"以其不争，故天下莫能与之争"；第七十三章有"天之道，不争而善胜，不言而善应，不召而自来，繟然而善谋"；第八十一章有"圣人之道，为而不争"。由此可见，《道德经》中所说的"不争"，是一种"善胜"的"争"，是"天下莫能与之争"的符合天道之"争"。这里的"不争"，其

---

[1] 李哲民. 成吉思汗的管理学[J]. 人才资源开发, 2015, (7).

实就是求同存异的和合之道。

2. 层级划分

值得一提的是，管理者个人目标、被管理者个人目标、组织目标可以进一步进行层级划分，在有些情况下，组织目标只是管理者与被管理者实现个人目标的迫不得已的手段，如果组织目标是管理者与被管理者实现个人目标最为合理的途径，此时组织目标与个人目标虽然层级不同，但也在一定时间内实现了和合统一。但是从心理学的角度分析，这一状况并不能有效激发管理者与被管理者的主观能动性和内在动机。只有管理者个人目标、被管理者个人目标与组织目标和合一致的情境，才是和合管理的理想状况。

3. 共情管理

共情是当代人本主义创始人罗杰斯提出的，是指体验别人内心世界的能力，领导有意识地为实现领导与下属和下属与领导的有效共情而策划实施的一系列活动称为共情管理。我国古代传统文化中也早已广泛提及这种共情的管理智慧。例如，《论语·学而》中说："不患人之不己知，患不知人也。"意思是不要担心别人不了解自己，只担心自己不了解别人。这就要求管理者通过共情管理，通过对人性的把握以及对情绪情感的理解和共鸣，从而实现人和组织的协同共进。

《管子·法禁》中说："昔者圣王之治人也，不贵其人博学也，欲其人之和同以听令也。"意思是从前圣王（管理者或领导）在考察和管理人才的时候，不看重他的博学，而希望他能与君主一致，听从君令。《尚书·泰誓》中说："殷纣王有臣亿万人，也有亿万条心；周武王有臣三千人，却只有一条心。"所以，纣王因亿万心而亡，武王因一心而存。因此，作为一国之君的管理者，如不能使人心归己，统一国家权威和士人意志，使上面的治理措施贯彻为下面的行为规范，那么，即使有广阔的国土和众多的臣民，都不能算是安全的，这很形象地说明了上下一心、其利断金的道理。需要注意的是，要使管理者与被管理者上下一心，并不是说让统治者去控制人民的思想情感、限制言论自由、实行专制统治，而是说管理者希望民心归己，就要站在被管理者的立场上想问题、制定政策和法令，并带头遵守法令。

中国古代管理思想中有共识、共鸣、共振、共生四重效应。和合管理要努力与员工形成彼此之间的理性共识，通过良好的沟通与倾听，让员工与企业产生情感上的共鸣，并愿意为目标实现共同努力，与企业共振、共生，形成上下一体的强大凝聚力，以有效实现企业的和合目标管理。

# 第八章
## 和合营销

市场营销的本质不是"交换"而是"和合"。基于这一认识,为适应21世纪营销环境的变化,企业的营销范式也应实现由交易营销到和合营销的变革。

## 第一节　营销范式的转变

约翰·霍华德于 1957 年在他的《营销管理：分析和决策》一书中，将"管理"概念引入营销学中，他用管理学视角重点研究了营销的应用性，标志着营销管理时代的来临；1957 年，通用电器公司的约翰·麦克金特立克阐述了"市场营销观念"；1960 年，美国密歇根大学教授杰罗姆·麦卡锡出版的《基础市场学》一书提出 4P 理论；1967 年，美国西北大学教授菲利普·科特勒集众家之大成出版第一版《营销管理》，确认了市场营销的哲学是"市场营销观念"，在营销战略层面概括为 STP，确认了营销策略层面的 4Ps，营销学领域这一系列成就的形成，标志着被营销学界称作管理营销或交易营销的范式正式形成。

20 世纪 90 年代以后，随着一系列社会经济环境的变化，交易营销范式不断受到质疑与批判，众多的批判都聚焦在一点，即哲学层面的顾客导向营销观念与方法层面的 STP、4Ps 存在着逻辑不一致的致命缺陷，最主要的体现在营销战略、策略等方法层面本质上还是遵循生产者导向，与顾客导向的营销观念心口不一、口是心非、前后矛盾。批判者认为，交易营销理论根本没有考虑顾客需求，其工作重点是短期性和纯交易性的，4Ps 其实是生产者导向的、卖方主动而买方被动的销售行为。正如美国营销学家舒尔茨教授所言："传统的营销管理范式是：开发一套适合本组织的营销计划、发展实施这个模式，而不必去适应顾客。"

在质疑与批判交易营销范式的过程中，必然涉及一个建立营销新范式的问题，也即在网络经济社会，应该建立什么样的营销范式取代在传统工业经济社会占统治地位的交易营销范式。正如托马斯·库恩所言："当某个学科在已有的范式下，对新出现的问题不能予以很好解释，并导致学科理论与现实性问题之间出现矛盾，则该学科的理论范式就处于功能不佳的状态；当一门学科中的此种矛盾积累到一定程度后，就会出现建立新的范式的要求，则该门学科就会出现'范式革命'。"营销范式最核心的问题是从理念到实践如何处理生产者与消费者之间的关系。在21世纪网络经济条件下，营销范式应该实现由交易营销到和合营销的转变。

## 第二节 和合营销的内涵

和合营销是指，在现代企业营销活动中，企业在处理方方面面的营销关系时，遵循"和而不同，不同而和"的指导思想，在承认不同利益主体之间的矛盾与差异的前提下，积极主动策划与实施和合营销战略与策略，努力把各营销活动利害相关者统一于一个相互依存的营销生态系统之中，并在这个营销生态系统动态和合的过程中，发挥营销活动各利害相关者之优势而避免其劣势，使之达到最佳组合，由此促进现代企业营销生态系统的高效建立与良性运行，最终实现营销生态系统各成员的和合共赢。

21世纪，企业营销环境发生了巨大的变化。从内部市场营销的角度考虑，正如托马斯·弗里德曼在《地球是平的》一书中所言，在全球化2.0时代，由于管理者掌握更多的信息，价值观建立在由上至下的纵向指挥和控制的基础上，而在全球化3.0时代，传统的团队和组织模式都发生着变化，"信息不对称"越来越难以做到，越来越多的经济体是自下而上的管理，出现越来越多的虚拟团队。因此，管理不能依靠命令与控制，而要靠沟通与协作，靠共识来完成。从外部市场营销的角度考虑，在以用户生成内容为特征的Web3.0时代，媒体社会化的趋势越来越明显。信息来源由单一的官方向众多由普通用户构成的网络节点分散，并越来越难以控制。一个企业如何在不可控的信息环境下消弭负面信息，获得用户的爱戴？最好的途径是与目标顾客和合。

21 世纪是和合文化占主导的时代，企业要适应这一系列营销环境的变化，针对当前营销实践中普遍存在的一些问题，树立"和合营销观念"、构建"和合营销系统"，才能与时俱进；实施"和合营销战略"，才能适应新环境，进而在激烈的市场竞争中立于不败之地。

## 第三节　市场营销的本质是和合

关于营销的本质，《易经·系辞下》中有这样的表述："古者包牺氏之王天下也，……包牺氏没，神农氏作，……日中为市，致天下之民，聚天下之货，交易而退，各得其所，盖取诸噬嗑。"上古时，伏羲氏统治天下……伏羲氏去世后，神农氏兴起……规定在中午时，进行买卖贸易，招来天下的百姓，聚集天下的货物，人们互相交换、互通有无，交易之后离开，各自得到了自己所需要的东西，这是取法于《噬嗑卦》而来的。在易文化中，人们认为营销的本质是"噬嗑"，"噬嗑"就是能够反映天下市场本源的象。朱熹解读"噬嗑"："日中为市，上明下动。又藉噬为市，嗑为合也。噬嗑即市合也。"而清代易学专家刘沅则进一步解释为："市井交易，始有间而终相合，噬嗑象。""噬嗑"本意是咬合的意思，卦形如同上下双唇，就像嘴里有异物，阻碍了正常进食，需要咬断它，才能愉快进食，即"噬嗑，亨"（《易经·噬嗑卦》）。从营销的视角考虑，指的是买卖双方克服困难、跨越障碍、经过多轮博弈最终达成交易的和合状态。

中国商业文明源远流长，其发生发展有着自身特殊的规律，从神农创制市场，到黄帝构建商业文明雏形，再到王亥服牛乘马，开商业贸易之先河，商业文明的发生发展既有物质基础的支撑，也有思想文化的传承积淀。古圣先贤都秉持同样的初心，即《易经》所追求的"天地交而万物通"，进而达到"以利天下"的目的。换而言之，商业的终极目的是造福人民。[1]"天地交而万物通也，上下交而其志同也"（《易传·象传上》）。直接意思是，天地阴阳交合，才有万物的生养畅通；君臣上下交流沟通，方能志同道合。通过自然界的规律来表达人类社会中团结合作的重要性，强调了人与自然、人与人之间的紧密联系和相互依存的和合关系。商品交换活动本质上也是一种和合活动，具备了具有"不同"的两方、合作而"和"、和实生物创造价值三个基本要素。

交易营销认为，营销的本质在于交换；交换是市场营销理论的中心；交换是先于市场营销的前提性概念；当人们决定通过交换来满足需要和欲望时，才出现了市场营销。正因为交易营销范式对营销"交换"本质的简单认识，才导致营销实践中诸多过度注重实现短期交换目标而背离长期满足交换双方互利共赢需要的现象。例如，交易市场营销范式注重企业与消费者之间交易的形成，注重企业与竞争者之间对市场的生死争夺，关心企业与供应商、中间商、合作者之间的利益分割，专营于向自然环境的掠夺性索取，忽略了对社会利益的考虑。现代营销环境下，特别是21世纪网络经济条件下，一方面，企业与各利害相关者之间的冲突（可能性、力度、频度等）日益严重；另一方面，企业与各利害相关者之间的相互依存度（共生性、相互依赖性、互利性）日益加强。这一营销环境特性的客观存在迫使企业必须树立和合营销理念，实

---

[1] 贾利军,王宏,贺达豪,等.中国商业源起及其文明昭示意义[J].上海管理科学,2023,(1).

施和合营销战略与策略。

市场营销是各利益主体之间为了满足各自的需要而结成一定的组织体系，通过一定的方式或开展一系列的活动，以实现共赢的目的。分工协作下的和合是交换的前提，可以说，交换只是和合的一种方式，但并非营销的本质与中心，营销的本质与中心问题是和合。正如"现代营销学之父"菲利普·科特勒认为：营销并不是以精明的方式兜售自己的产品，而是一门创造真正的客户价值的艺术。企业如果通过不择手段地损害消费者利益而谋取利润，不但不能满足消费者的需要，还会给消费者带来伤害的销售活动与抢劫、偷盗、谋财害命其实并无什么本质的区别。从供给和需求两方面分析，只有同时满足交换各方需要的交换活动才是市场营销，不满足任何一方或仅满足其中一方需要的市场活动都不是真正的市场营销。对于企业来说，实现自己盈利、满足自己的需要是目的，满足消费者的需要是手段。企业只有发现消费者的现实需要或潜在需要，并通过商品交换尽力满足他，把满足消费者需要变成企业的盈利机会，这才是市场营销的宗旨与基本道义。市场营销可以帮助企业同时考虑消费者的需要和企业利润，寻找能实现企业利润最大化和最大限度地满足市场需要的营销决策。

顾客既不是上帝，也不是由卖方任意宰割的"羔羊"，顾客是卖方的兄弟姐妹，是卖方的朋友，也是卖方的合作伙伴。我国营销实践界的曹文广认为："真正的客户定义是这样的——认同企业发展方向与希望，与企业合作过程中平等地承担各自的责任与义务共同双赢、共同负责的合作伙伴！作为营销人员，我们真正销售的不是产品！不是价格！不是公司！也不是个人的魅力！你销售的是一个'完整的盈利计划'！"这一营销理念所彰显的科学内涵就是典型的和合营销思想。

## 第四节 和合营销战略

和合营销并非空洞高深的营销哲学，也包含生动有效的营销实践，企业规划实施和合营销战略，可以依循以下步骤展开。

### 一、分析和合营销市场

和合营销的对象是与企业构成利益关系或损害关系的利害相关者，与这些利害相关者的和合有助于企业实现趋利避害的目的，也是企业和合营销行为的根本动力。在和合营销活动中，企业的利害相关者主要有七个方面（如图 8-1 所示），所以企业和合营销的目标市场也由这七个方面构成。因此，企业就要"化敌为友"，规划实施和合营销战略，通过和合营销淡化竞争、包容竞争、回避竞争或者暂时搁置竞争，努力创造合作的机会、合作的项目、合作的时机以及其他各种合作的可能性，以趋利避害，有效实现企业的营销目标。显然，和合营销的目标市场不同，适用的和合营销方式与手段也应有所不同，适用的和合营销战略与策略也常常不同。

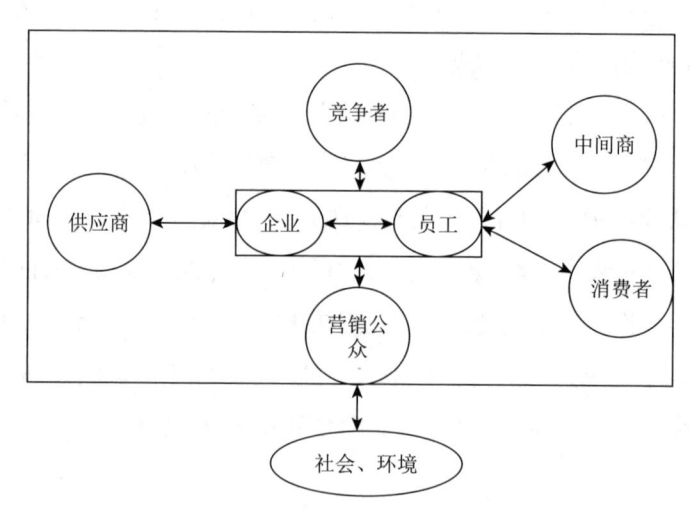

图 8-1　企业和合营销生态系统图示

## 二、确立和合营销主题

2007年诺贝尔经济学奖得主列奥尼德·赫维茨创立的机制设计理论中的激励相容理论认为，在市场经济中，每个理性经济人都会有自利的一面，会按自利的规则行动，如果有一种制度使行为人追求个人利益的行为，正好与企业实现集体价值最大化的目标相吻合，这一制度安排就是激励相容。内部营销的任务是激励员工，外部营销的任务是激励顾客，若要实现激励相容，必须发现和合各方一致的和合主题。和合营销主题是指，在特定的情境下，企业为了通过完成特定的战略任务或者实现特定的战略目标，从而满足自己的某项需要或实现自己存在的价值，规划与选择的能够与和合营销目标市场达成有效契合的核心任务或共同解决的核心问题。任何一项和合行为的生成，都应该有一个统驭全局的和合主题，否则，和合营销目标就难以有效实现。求同存异、寻找共同语言、寻找共同的利益基点，就是指和合各方对可能达成一致的和合主题的探求。企业营销的有效规划与成功实施，离不开与各利害相关者达成高度一致、深度契合的和合主题。

## 三、构建和合营销生态系统

和合的方式和结果是构建一个和谐有序、合作共赢、融突相依，能实现和合体成员共同利益的和合体。和合营销的目的与结果就是构建一个和合体——企业和合营销生态系统。

企业和合营销生态系统是一个综合供应商、分销商、外包服务机构、金融结算机构、关键技术提供商、互补和替代品制造商，甚至包括竞争对手、客户和监管机构等诸多企业营销活动利害相关者的有机系统，是一个超越了传统价值链，集价值链、产业链、人才链等为一体的动态系统。因此，在21世纪网络经济条件下，企业要想有效地展开营销活动，获得竞争优势，就必须通过虚拟、联盟等形式与外界其他企业进行优势互补和资源共享，各种各样的企业在发展中互相依赖，结成一个营销生态系统。在这个生态系统中，企业之间相互利用、相互制约，共同成长和发展。

传统的交易营销往往把顾客看作企业系统之外与企业对立的交易一方，而和合营销则认为顾客是企业营销生态系统中的一员，可以通过有效的营销措施，实现顾客的组织化管理。例如，顾客俱乐部、消费合作社、会员制营销等都是典型的顾客组织化管理方式。传统的交易营销往往认为"同行是仇家"，把竞争者视为自己的敌对势力。然而，和合营销则认为竞争者也是企业营销生态系统中的重要组成部分，可以通过竞合营销共同开拓市场，实现互利双赢。组建战略联盟、开展合作营销、形成企业集群等都是与竞争者构建和合体的有效路径。

**四、实施和合营销战略**

市场营销活动中，企业与各利害相关者，即各目标市场之间可能会发生各种形式、各种内容、各种性质的冲突。企业贯彻和合营销理念，规划实施和合营销战略的过程，是一个不断与各利害相关者融突和合的过程，融突和合的结果是形成新的更优质的和合体。这种融突与和合是企业积极主动与各利害相关者调整关系、化解矛盾、解决争端、重新整合、相互融合的过程。

**五、评价和合营销效果**

和合是对和合双方都有益的互动、互利行为，评价和合效果的主要依据是企业与目标市场实现双赢的程度，一方受益、另一方受损或者双方都不受益的营销行为是无效的和合营销行为，或者从本质上说并不属于和合营销的范畴。和合效果的优劣决定着和合体的稳定性与寿命周期。

## 第五节　和合营销策略

### 一、内部营销

当员工内心的安全、尊重、自我价值实现等社会性需求，因为外部环境变化而变得日益丰富和个性化时，企业只有尽力满足这种需求，才能深入员工的内心，使员工对企业生发出自觉的热爱和相应的责任心。

1. 内部营销的概念

管理之道在于借力，内部营销是将传统上企业用在外部面向顾客的营销思想、营销方法用于内部管理，以便使企业的每个员工、每个部门、每个层次形成顾客导向的内部最大合力，来满足最终顾客的需求，以求得企业的长期发展。实施内部营销，一方面，要强化与职员的沟通、理解并满足他们的需求，激励他们在工作中发挥最大的潜能；另一方面，要通过培训提高职员的服务水平，使其掌握与顾客融洽相处的技巧，其目的是获得受到激励的有顾客意识的员工。

内部营销独特的作用体现在有利于企业内部形成最大的合力。一方面，它强调激励员工，使员工树立顾客导向意识；另一方面，它有利于各部门的协调发展。明基集团原副总裁洪宜幸表示，管理者应当进行内部营销，以提高员工对企业的满意度、快乐度，最终让员工成为企业的守护神。企业应该有企业形象品牌、产品品牌与雇主品牌三种品牌。所谓雇主品牌，就是让员工在工作和生活上都得到满足。大家一致的看法是，让员工"快乐工作"，作为企业文化的全新内涵，是优秀企业所必须追求和全力打造的"第三种品牌"。

2. 内部营销策划

企业内部营销的规划实施包括以下六个方面。

（1）了解企业内部员工的各种需求。员工在内部营销中具有双重身份，他们既是内部营销的对象，也是内部营销的实施者，了解他们的需求、愿望，是开展内部营销的第一步。当员工的安全、尊重、自我价值实现等社会性需求因外部环境变化而变得日益丰富和个性化时，企业只有尽力满足这种需求，才能深入员工的内心，使员工对企业生发出自觉的热爱和相应的责任心。企业只有这样关心员工，员工才会这样关心他的顾客以及与顾客相关的一切事情。

（2）细分企业内部员工市场。企业内部员工本身也构成一个市场，管理者需要对这个市场进行细分。这是因为：首先，员工在需求上不可能完全一致，必须因人而异地满足他们的需求。其次，员工在心理和性格上存在很大的差别，需要用不同的方式来满足其相应需求。

（3）向员工提供适当的"产品和服务"。企业内部员工也有"购买"决策要做。他们要决定是否"购买"企业的目标、价值观、制度和与顾客及用户的关系。企业为员工提供的"产品和服务"是信息、资源、工作环境、人际关系、权力和发展机会等。

（4）保证内部营销渠道畅通。内部营销最主要的"分销渠道"是沟通，这种沟通可以是企业的管理层与普通员工之间的信息交流，可以是各个不同岗位、部门之间的沟通，也可以是同部门同伴之间的交流。

（5）实施人本管理。制度是必要的，但制度不应当是冷漠无情的，应当体现人性化的光芒，在制度的制定和执行中都必须重视员工的参与，构建人性化制度环境，实施人本管理。

（6）企业管理者向员工传递"共同愿景"信息。企业不光需要满足员工的生存需要，更重要的是要引导员工牢固树立值得持续努力追求的有前途的愿景，这样才能充分调动企业人员的积极性、主动性、创造性，形成企业内部的巨大凝聚力和向心力。

## 二、公关营销

公关营销策略重在有效处理企业与内部公众，以及与合作者、竞争者、社会公众、政府公众、媒介公众等各个方面的关系，从而营造企业和谐的营销环境。

1. 公关营销的概念

公关营销就是企业利用公共关系手段和技巧，建立和促进企业和目标顾客之间的双向交流，在树立良好的企业形象和产品形象的基础上，促进企业产品生产和销售，完成企业既定营销目标的过程。公关营销可以界定为一种具备公共关系意识的营销观念，一种运用公共关系方法的营销策略，一种使用公共关系技巧的营销艺术。

公关营销策略可以从心理上、精神上牢牢把握消费公众，不仅使消费者得到优质的产品、满意的服务，更重要的是在心理上、思想上对产品产生认同，形成对某种产品的良性心理定势，从而自觉地成为企业忠实的消费者。

2. 公关营销的内容

国内外学者将公关营销的工作内容概括为调研、策划、实施与评估"四步工作法"，如图 8-2 所示。

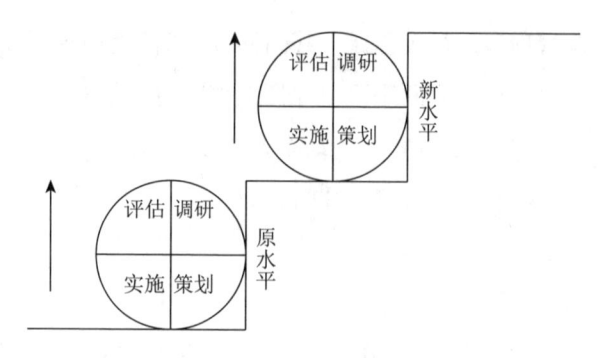

图 8-2 公关营销"四步工作法"

第一步，公关营销调研。其工作任务主要是了解和掌握与组织各项行为和政策相关联或受其影响的公众对组织的行为和政策的认知、观点、态度和行为，获取真实的信息，得到第一手资料，有的放矢地开展公关营销活动。公关调研内容比较广泛，但主要包括企业基本状况、公众意见和社会环境三方面内容。

第二步，公关营销策划。公关营销策划主要是将公关营销调查中所获取的情报信息运用于企业的公关营销政策和计划中，确定直接影响和涉及组织各种利益的公众对象，制定组织发展的公关营销战略、策略，编制公关营销活动计划等。

第三步，公关营销实施。公关营销实施主要是通过沟通和其他公关营销活动，贯彻执行组织经过策划制定好的公关营销活动方案，实现与组织总目标有联系的公关营销目标。

第四步，公关营销评估。公关营销评估主要是对公关营销过程进行总结、分析和确定公关营销活动的最终结果，估计公关营销计划和活动实施的各种效果，为调整下一步公关营销目标和制订公关营销计划提供详实的资料。

### 三、合作营销[1]

传统营销理念过于强调竞争，往往是在同一块"蛋糕"上争输赢，不仅使企业外部竞争环境恶化，还会让企业错失许多发展良机。而合作营销使拥有不同优势的企业在竞争的同时也兼及彼此之间的合作。通过优势互补，共同创造一块更大的"蛋糕"来实现"双赢"或"多赢"。

1. 合作营销的概念

合作营销就是两个或两个以上相互独立的企业，为了实现资源共享与优势互补、加强市场开拓与提升市场竞争力等目的，联合起来共同开发和利用一个市场机会的行为。

2. 合作营销的方式

按照合作的领域与对象划分，合作营销的形式可以简单地归结为四种。

第一，水平合作。这是指两个或两个以上同种类型的企业在某一特定营销活动内容上的平行合作，如图8-3所示。这种方式的合作营销可以使参与方共享资源，共担风险，有效地提高企业的市场控制能力，获取竞争优势。具体的合作形式有合作研发、合作生产、合作销售、共享互补性设施等资源、合作服务等。例如，两个企业在开发某一新产品上通力合作，或者在产品的广告、促销上进行合作，或者互相为对方的产品提供销售渠道网络等。水平合作最有可能在同行业中开展。

第二，垂直合作。这是指企业营销生态系统中不同类型的利益主体之间的合作，不同的企业分别承担某一营销活动内容，最终整合优化形成合作优势。这种合作方式下，企业把供应商、分销商和消费者均纳入自己的市场营销系统。这种合作方式又可以划分为前向合作、后向合作与双向合作三种方式。

---

[1] 张卫东，李常洪.合作营销运作机理模型化分析[J].科技和产业，2007,（9）.

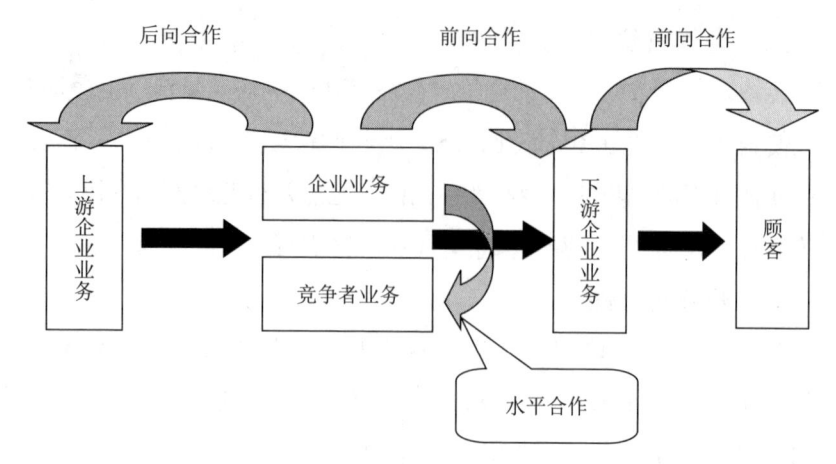

图 8-3　合作营销的方式

第三，交叉合作。这是指企业间在纵向和横向两个方面都开展合作营销活动。这种合作营销主要是在不同行业的企业之间进行。随着企业多元化战略的不断应用，这种交叉合作已越来越多地为企业所采用。交叉合作又被称为"全方位合作"或"全面合作"。

第四，异业合作。如图 8-4 所示，异业合作是指两个或两个以上并无业务联系，既不属于同一行业，也不处于同一价值链，但面对同一目标顾客群的企业，以实现共赢为目的，以营销策划为引擎，以资源共享为途径，以创新的方式契合，进而展开的形式多样的合作。

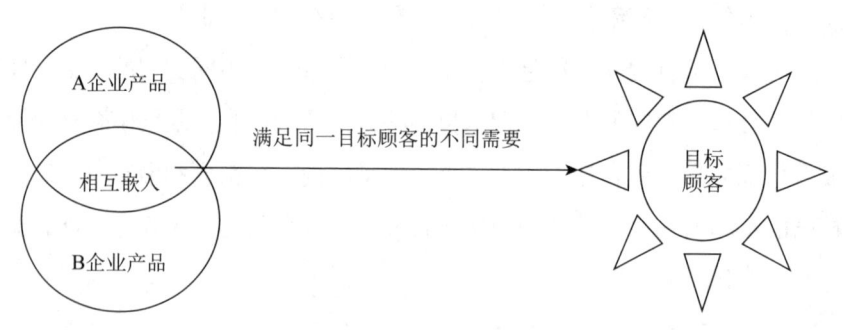

图 8-4　异业合作图示

### 四、跨界营销

"跨界"这个词可能对很多人而言还很陌生，其实跨界现象存在于许多领域。时尚界称之为"混搭"，生物界称之为"杂交"，科学界称之为"边缘"，创意界称之为"旧元素新组合"……直白地说，跨界就是把看似不搭界的事物整合产生新的价值。

1. 跨界营销的概念

跨界营销（Crossover Marketing）是指企业打破传统的营销思维模式，基于用户体验的互补，寻求非业内的合作伙伴，发挥不同类别品牌的协同互补效应，开发互补产品，规划实施渠道对接与联合传播，以实现不同行业、不同企业、不同品牌、不同产品从不同角度诠释同一个顾客特征、满足用户同一需要的营销目标。

跨界营销与我们常说的"英雄配好剑""好马配好鞍"的道理一样，如果将"英雄"和"好剑"视为两个不同的品牌，那么"英雄"只有配上"好剑"才能体现其英武，而"好剑"只有被"英雄"所用，其威力才能得以淋漓尽致地发挥，两者相得益彰、互为映衬，才能取得极佳的效果。

2. 跨界营销的策略及原则

跨界营销得以成功的深层原因就在于，当一个文化符号还无法诠释一种生活方式或者再现一种综合消费体验时，就需要几种文化符号联合起来进行诠释和再现，这就需要这几种文化符号的载体——不同品牌的联合营销行动。跨界营销的核心就是合作伙伴利用各自品牌的特点和优势，将核心元素提炼出来，以创新的方式契合，从多个侧面诠释用户的一种完美体验。

实施跨界营销，需要根据不同行业、品牌、环境、消费者之间存在的某种共性或某种联系的消费特征，将一些原本毫不相干的元素相互渗透，以体现出一种全新的生活态度、审美方式、服务意识等，来赢得消费者的好感，从而占有更大的市场。因此，找到跨界营销的不同品牌的契合点，才能在这个基础上确立双方所要达成的共同目标。无数企业跨界营销的成功经验表明：跨界营销的品牌契合点越大，共同目标越接近，跨界营销的效果将会越显著。所以，企业决不可忽视在寻找更多契合点、制定更合理的跨界营销目标方面的努力。企业实施跨界营销需要遵循以下几个原则。

（1）资源实力互补。指实施跨界营销的两个不同品牌的企业需要在品牌地位、目标市场、营销能力、企业战略、市场地位等方面具有足够的互补性与对等性，才能确保跨界营销发挥出积极的协同效应。双方合作的基础，是彼此的资源需求匹配，正如李光斗所说："跨界营销最主要的是要像婚姻一样门当户对，寻求强强联合，这样才能使跨界营销获得双赢。"

（2）目标市场重叠。指跨界营销的企业或者品牌必须具备足够规模的目标市场重叠，在寻找跨界营销品牌时，企业必须将双赢作为合作的前提。跨界合作通过对目标市场特征的多方面诠释，可以形成整体的品牌印象，产生更具张力、更差异化的品牌联想，通过满足有明确需求的消费者，用全新的体验方式来刺激消费者的购买欲望。

（3）市场定位一致。指跨界营销各方市场定位上有着一致或相似的诉求点，以确保跨界营销产生合作各方品牌相互促进的效果。例如，著名汽车品牌东风雪铁龙 $C_2$ 与意大利知名时尚运动品牌 Kappa 的合作，就是基于 $C_2$ 这个品牌本来就象征着一种时尚，或者是比较活跃、前卫的生活方式，而服装品牌 Kappa 也有同样的追求。再如，2023 年 9 月 4 日，贵州茅台与瑞幸咖啡联手推出的"酱香拿铁"正式上架开卖；同日，"茅台火锅"正式上市，使用金奖牛肉火锅底料搭配贵州 53 度飞天茅台，每一份酱香茅台火锅中都含8毫升贵州茅台[1]；2023年9月16日，贵州茅台德芙联名产品"茅小凌"酒心巧克力正式发售，有经典和减糖两种口味，包装为2颗装、6颗装、12颗装，每颗添加2%的53度贵州茅台酒[2]。

（4）非竞争性关联。在现实操作中，并非所有的品牌都适合实施跨界营销，可以建立"跨界关系"的不同品牌，一定是互补性品牌而非竞争性品牌，跨界营销的目的在于通过合作实现双方在品牌或在产品销售上的提升，达到共赢的效果，即参与跨界营销的企业或品牌应是互惠互利、互相借势增长的共生关系，而不是此消彼长的竞争关系。因此，跨界营销不是竞争性企业之间的合作，而是互补性关联企业之间的合作，否则，跨界营销就成为行业联盟了。例如，一些房地产开发商与家电企业联姻，发起"新家居生活"活动；汽车行业与红酒、房地产、高尔夫、顶级私人会所和俱乐部等合作。

（5）用户体验互补。指跨界营销行为所需要界定的互补关系，不再是基于产品功能上的互补关系，而是基于用户体验的互补关系，在营销思维模式上实现了由产品中心向用户中心的转移，真正贯彻了用户为中心的营销理念。利用合作各方各自品牌的特点和优势，将核心的元素提炼出来，与合作伙伴的品牌核心元素进行契合，从多个侧面诠释一种共同的用户体验，这种营销方式就是跨界营销。

（6）品牌效应互补。指两个联合品牌可以进行优势互补，将各自已经确立的品牌形象与品牌文化有效地迁移扩散到对方品牌上，从而丰富

---

[1]引自九派新闻2023年9月4日发布的文章《继酱香拿铁后，长沙一餐馆推出茅台火锅，号称当客人面倒酒，不影响开车》。

[2]佚名．茅台德芙联名款巧克力官宣16日15:30开售,每颗添加2% 53度茅台酒［N］．济南时报，2023-09-16．

双方品牌的内涵，提升双方品牌的整体影响力。

**五、联盟营销**

英国政治家、作家本杰明·迪斯雷利曾经说过一句很著名的话——"没有永恒的敌人，也没有永恒的朋友，只有永恒的利益"。丘吉尔之后也引用了这句话，作为英国对外关系的准则。美国企业界有一句名言：如果你不能战胜对手，就加入他们中间。

1. 联盟营销的概念

联盟营销是指两个或两个以上经营实体，为了实现某种战略目标，在保持自身独立性的同时，通过股权参与或契约联结的方式，建立起一种较为稳固的合作联盟关系或联盟组织，并在某些领域采取协作行动。联盟营销具有以下三个基本特征。

第一，联盟营销的形式是介于企业与市场之间的一种"中间组织"。联盟内交易，交易的组织并不完全依赖于某一企业的治理结构，交易的进行也不完全依赖于市场价格机制。联盟营销的形成使企业和市场之间的具体界限变得模糊。

第二，联盟营销的性质是各成员企业间平等合作的利益共同体。从企业关系来看，联盟既不同于某一企业内部的行政隶属关系，也不同于企业与企业之间的市场交易关系。联盟企业之间的协作关系主要表现出：相互往来的平等性、合作关系的长期性、整体利益的互补性、组织形式的开放性等。可以说，合并或兼并就意味着联盟营销的结束。

第三，联盟营销的运作是一种战略性的合作行为。联盟营销立足于优化企业未来竞争环境的长远谋划，注重从战略高度改善联盟企业共有的经营环境和经营条件。借助联盟企业可以实现管理与技术等方面的优势互补，加快创新速度并降低相关风险。

根据联盟营销的实践和发展,联盟营销形成的主要动因可以归结为促进技术创新、避免经营风险、避免或减少竞争、实现资源互补和开拓新市场五个方面。

2. 联盟营销的分类

(1)以联盟参与者来划分,联盟有互补型和授受型两类。互补型联盟是企业为了应对竞争而在产品开发、加工制造和营销服务等方面进行技术、资金和人员等的互补与配合。其主要目的是分摊产品开发与生产投资的成本,快速有效地进入目标市场。授受型联盟的主要特点是一些竞争实力较强的大型企业向一些中小型企业授权或转让各种技术专利和操作方法,小型企业则向对方支付一定的技术转让、授权特许、人员培训等费用。

(2)根据联盟的组成方式划分,联盟可以划分为股权性联盟和非股权性联盟两种。股权性联盟是指,加盟各方通过相互购买并持有对方的少量股份,或者单方持股来建立起一种长期的相互合作关系,从而使双方利益紧密联系在一起,在保护自身利益的同时,双方实行优势互补。非股权联盟是指合作伙伴之间签订或不签订具有约束力的协议,双方根据签订的协议或合作意向联合行动。它们涉及加盟各方在联合开发、联合制造、联合营销等方面的内容。

### 六、集群营销

在长途旅行中,雁群的队伍组织得十分严密,它们排成整齐的"人"字形或"一"字形,这是一种集群本能的表现。因为它们整天飞,单靠一只雁的力量是不够的,必须互相帮助,才能飞得快飞得远。雁群总是由有经验的老雁当"队长",飞在队伍的前面。最前面的大雁拍打几下翅膀,会产生一股上升气流,后面的大雁紧紧跟着,可以利用这股气流，飞得更快、更省力。企业集群的理想模式是形成区域性雁阵式企业群落。

1. 集群营销的概念

企业集群是在某一特定领域（通常以一个主导产业为核心），大量产业联系密切的企业以及相关支撑机构在空间上集聚，并形成强劲、持续的竞争优势的现象。中小企业借助这种产业组织形式，可以获得集群外企业所没有的外部规模经济和范围经济。在激烈的市场竞争中，面对国内外垂直一体化"航空母舰"（大型企业或企业集团）在技术、资金、规模、品牌上的优势，中小企业单打独斗是难以取胜的。若众多中小企业组合形成"联合舰队"（企业集群），联手与大型企业相抗衡，则企业集群将成为参与市场竞争的主角，而不是配角。

集群营销就是指，在企业集群内部，众多企业通过一定的协调机制连接成有机整体、形成共享的集群资源，联合进行市场营销，以集群的强大力量共同开拓市场，通过集群营销战略、策略制定及组织实施，形成集群营销优势。

2. 集群营销策略

中小企业集群营销可以通过合作的方式整合集群内各企业的营销资源，规划实施以下营销策略。

（1）共同研究市场。市场研究是整个营销活动的起点，是获取营销决策信息和决策依据的必要途径。但由于工作量大、专业性强、费用高，往往令中小企业望而却步。企业集群内中小企业如果联合起来共同研究市场，就可以弥补以上各种短板。例如，可以通过专业市场的信息平台建立起产业集群的营销竞争情报系统，通过专业市场建立企业、集群、行业的信息化网络渠道，掌控营销市场动态和国际市场发展最新动态。

（2）共同研发产品。由于新技术、新产品研制开发投入的费用不断增加，风险又日益增大，很多中小企业难以独自承担产品研究与开发的全部费用和风险。因此需要寻求与同行竞争者的合作，以达到优势互补、风险共担。

（3）创建集群品牌。企业集群品牌用以识别集群的产品或服务，使之与竞争对手（其他集群、大型企业和跨国公司）的产品或服务相区别。集群整体的品牌建设与形象推广，受益的对象是集群内所有企业。集群品牌可以起到传播信息、创造市场需求、树立消费者信心以及排斥竞争对手的作用。集群品牌的创建可以分为两个部分：一是集群内企业自创企业或产品品牌；二是以政府为主导创建集群品牌。确定集群品牌营销战略，首先要使集群内中小企业树立品牌观念，整个集群的品牌价值要靠集群内企业间的良好经营秩序和健康的运行规范来维持和提升，避免集群内中小企业依靠低质、低价产品参与市场竞争，损害集群整体形象的状况发生。

（4）共建和共享分销渠道。分销渠道的建立和管理一般耗资巨大，单个企业的分销渠道还受一定的时间和空间限制。集群共建和共享分销渠道对集群内企业营销业绩的提升显然是有利的。企业集群共建分销渠道的通常做法是建设配套的专业市场和开展电子商务。

（5）共同促销和公关。单一企业若要去开辟一个新市场、引导一种新需求，力量毕竟有限，企业集群如能共同促销，共同将市场做大，显然对集群成员是十分有利的。共同促销包括广告合作、营销推广合作和公共关系合作等内容。

# 第九章
## 共情管理

共情是和合的基础和前提，规划实施和合管理，组织成员，特别是管理者需要针对共情所遇的各种难题采取有效的自解方略。

## 第一节　仁爱推演与共情管理

共情是指个人与个人或者个人与群体或者群体与群体在交往接触的过程中，识别他人情绪情感、需求动机、表情态度、肢体动作信息并理解其情绪状态的倾向。在和合管理目标指引下，组织成员的领导为实现与和合对象的有效共情而有意识地策划实施的一系列活动称为共情管理。

中国传统文化中有关共情的主要论述是儒家学说中的仁爱推演。仁爱推演是孔孟思想的核心理论，其基本路径是以血缘亲情为基石，从血亲之爱渐次推演至人际之爱、自然之爱，然后通过天地万物一体之仁回到本心，实现终极之爱。

第一个层面的共情是血缘亲情的仁爱推演。《中庸》中说："仁者，人也。亲亲为大。"意为仁就是爱人，爱自己的亲人就是最大的仁。《论语·学而》中说："孝弟也者，其为仁之本与？"意为孝顺和顺从长者这是仁道的根本。《礼记·祭义》中说："立爱自亲始，教民睦也；立教自长始，教民顺也。"意为确立爱心从爱双亲开始，这样可以教民和睦；确立教化从敬顺长辈开始，这样可以教民顺从。通过人同此心、心同此理的人类普遍情感来进行外推，以"己所不欲，勿施于人"（《论语·卫灵公》）和"己欲立而立人，己欲达而达人"（《论语·雍也》）的忠恕之道，把这种仁爱之心推至他人，使"人不独亲其亲，不独子其子"（《礼记·礼运》）。这样在血亲关系中，自然存在的父子、兄弟情感就向外扩展延伸到他人，最终达到"泛爱众"。"能近取譬，可谓仁之方也已"（《论语·雍也》）。由近及远、由亲及疏，就是仁爱推演的第一个层面，亲情之爱。

第二个层面的共情是人际仁爱推演。"老吾老，以及人之老，幼吾幼，以及人之幼"(《孟子·梁惠王上》)。把血缘亲情推演到他人，这样就把仁爱之心推向了整个人类，是一种普遍之爱。

第三个层面的共情是人与自然万物的仁爱推演。《论语·阳货》中说："四时行焉，百物生焉，天何言哉？"意为四季周而复始，百物蓬勃生长，天又何曾说过什么啊？"钓而不纲，弋不射宿"(《论语·述而》)，孔子只用鱼竿钓鱼，而不用大网来捕鱼；用带的箭射鸟，但不射归巢栖息的鸟。"仁厚及于鸟兽昆虫"(《孔子家语·五帝德》)，"天无私覆，地无私载，日月无私照"(《礼记·孔子闲居》)。意思是仁爱之心，应当扩展到鸟兽虫鱼等所有自然万物。《孟子·尽心上》曰："君子之于物也，爱之而弗仁；于民也，仁之而弗亲。亲亲而仁民，仁民而爱物。"意思是君子对于万物，爱惜它，但谈不上仁爱；对于百姓，仁爱，但谈不上亲爱。亲爱亲人而仁爱百姓，仁爱百姓而爱惜万物。

第四个层面的共情是天地万物一体之仁的仁爱推演。王阳明在《传习录·答顾东桥书》中说："圣人之心，以天地万物为一体，其视天下之人，无外内远近：凡有血气，皆其昆弟赤子之亲，莫不欲安全而教养之，以遂其万物一体之念。"圣人的内心，与高天大地、万千事物融为一个整体，他看待天下人民，没有内里局外、疏远亲近的分别。凡是有血脉气息的人，都像自己的兄弟姐妹、初生儿女一样亲近，想要他们平安周全，而教育培养他们，以实现自己万千事物一个整体的信念。

《传习录·答顾东桥书》中还说："天下之人心，其始亦非有异于圣人也，特其间于'有我'之私，隔于物欲之蔽，大者以小，通者以塞。人各有心，至有视其父子兄弟如仇雠者。圣人有忧之，是以推其天地万物一体之仁，以教天下，使之皆有以克其私，去其蔽，以复其心体之同然。其教之大端，则尧、舜、禹之相授受，所谓'道心惟微，惟精惟一，允执厥中'。"天下人的内心，开始与圣人也没有不同，只是他们受到"自有小我"自私的离间，遭受物质欲望的蒙蔽，大我变成小我，通达变得闭塞。人们各有各的私心，甚至有将自己的父母子女、兄弟姐妹视同仇敌者。圣人非常担忧这种情况，所以推行自己高天大地、万千事物一个整体的仁爱，来教化天下，使人们都克制自己的私欲，去除蒙蔽，以恢复人们内心相同的本体。圣人教化的伟大发端，就是唐尧、虞舜、夏禹的相与传授接受，正如《尚书》大禹谟所说："世道核心，惟有微妙；惟有精深，惟有专一；公允执掌，内心中正。"[1]

## 第二节 共情管理的分类

按照共情对象划分，共情管理可以分为人心共情、亲亲共情、人际共情、人天共情、人物共情等。和合管理视角下的共情管理，广义来说，包括自我共情管理、向上共情管理、向下共情管理、平行共情管理四个方面。狭义来说，一般仅指上级领导对下级被管理者的共情管理。

### 一、自我共情管理

自我共情管理包括自我修养与自我情感情绪管理两方面的内容。

张载在《横渠四句》中说："为天地立心，为生民立命，为往圣继绝学，为万世开太平。"就个体而言，"立命"就是选择正确的命运方向，明确生命的意义。如果组织成员能够有共同的、一致的、正确的命运方向和生命意义认识，就会为组织构建基本一致的良好的价值观，为和合管理奠定有利的基础。

---

[1] 韩涛.儒家仁爱推演的四个层面［N］.光明日报，2024-06-15.

另外，自我共情管理是对自我情感与情绪的管理，主要是组织成员自主地、自助地宽慰、疏导自己心理的保健活动，特别指主动积极地调整观念意识，与组织目标达成一致。

### 二、向下共情管理

向下共情管理是上级领导面向下级管理对象的共情管理，上级领导努力提升自身共情能力，做到身在"高位"，却能了解"民情"，知会"民意"，体贴"民心"，可以称之为官体民情的"向下共情"。能够迅速高效地与下属实现同境共感、同理共识、同心共鸣、同行共振的人，往往能够成为一个群体中一呼百应、众望所归、民心所向的领导。

在管理实践中，领导如果希望得到下属的拥戴与支持，希望成功借力实现设定的组织目标，需要面向下属开展积极主动的共情管理。同时，受主客观因素的影响与制约，领导常常会遇到这样那样的共情难题，作为主动和主导的一方，领导需要认真研究共情能力的各种情形、影响共情能力的各种因素，以针对共情管理所遇难题采取有效的自解方略。

21世纪20年代以后的管理模式，将从"管控"模式迁移演变到"共情"模式。传统的管理模式是一个严谨、有序、制度刚性显著的管控模式，而未来的管理，获得创新能力将是组织的首要任务，如果要更好地激发人的主动性、激发人的创新能力、激活人的智慧，领导与下属的关系就要变得更为和谐欢乐，就要做到有效的换位思考，就要策划实施共情管理。显然，共情能力高的领导，往往能最大限度地理解下属并获得下属的尊重，同时也能发挥引领方向和指挥协调的作用。

### 三、向上共情

向上共情管理，是指下属理解认同和同理共情上级领导，能够换位思考、将心比心、上下齐心，同心同向、齐心协力形成一股强大的支持拥戴力，有效激励领导，从而有效促进组织目标的实现。

任何沟通都是双向的，领导也需要适当接受下属的共情，也需要得到下属的理解。但很多时候下属可能根本就没有意识到领导的情绪和感受是什么，由于信息不对称，领导也无暇像祥林嫂一样深入地、频繁地、细致地向下属解释或倾诉，有时候下属根本无法感同身受地理解领导的处境与心情。

### 四、平行共情

一个组织内部，同事之间既存在一定的竞争关系，也存在合作关系。实施和合管理，既要做到尊重差异、承认差异，管理措施要科学合理、体现差异；同时还需要采取一定的措施，调节控制，避免因差异导致薪酬、待遇等差距过大，激化员工之间的矛盾。特别需要注意，在组织内部，要以竞赛取代竞争、以合作化解竞争，只有组织员工同心协力，实现组织的高效发展，所有的组织成员才能共享红利。因此，从平行共情的角度来说，同一层级的同事之间，要保持真诚坦率的态度，尊重、理解和包容对方，学会倾听对方的观点和感受，并给予积极的回应；在沟通过程中要控制好自己的情绪，避免情绪化地表达自己的观点；学会换位思考，站在对方的角度思考问题，理解他们的想法和感受。只有这样，组织成员之间才能建立良好的合作关系，提升组织凝聚力。

## 第三节　共情能力阶梯

能力是实现某个目标或者完成某项任务所体现出来的综合素质，是直接影响活动效率并使活动得以顺利完成的个性心理特征。简而言之，能力就是能够完成某个任务或达到某个目标的力量，力量大、效率高，则能力强；反之，力量小、效率低，则能力弱。共情是组织成员，特别是优秀领导必须具备的品质与能力要素。

如图 9-1 所示，共情能力是指，面向共情对象，能设身处地、感同身受、换位思考、将心比心，实现同境共感、同理共识、同心共鸣、同行共振依次递进的能力。

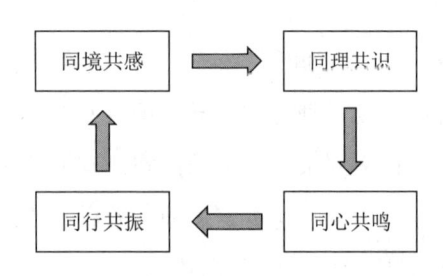

图 9-1　领导者共情能力提升的层次

### 一、同境共感能力

共情能力的第一个层级是同境共感。共情是指个体对来自他人的情绪体验进行加工后，能进入对方的精神境界，能感受到对方的内心世界，理解对方的真实感受与想法，并对这些体验产生类似的情感与情绪。可以通过充分的交流与沟通，从而更有效地理解对方，与对方建立起亲密的信任关系，通过将对方目标与组织目标实现有效统一，激励对方主观为自己客观为组织，为实现组织目标而努力。这也是提高共情能力的有效方法。但是，身临其境才会感同身受，才有可能激发出相同的情感、情怀、需求、欲望与动机。所以，共情能力首先是能够真实地、身临其境地深入现场，或者通过调查了解，设身处地想象、体会与感悟对方真实处境的能力。

### 二、同理共识能力

共情能力的第二个层级，是指在相同的处境下，能体贴、体会或感悟到与对方较为接近的感知与认识的能力，或形成与对方比较一致的感性认识和理性认识的能力，即所谓的同理心。共情一般包括情绪共情和认知共情两个方面，情绪共情指的是对对方情绪状态的感受，认知共情指的是对对方思想目的、观念态度、理想信念的理解。相同的处境虽然未必能形成相同的感受，但不同的处境肯定不会有相同的感受。共情可以更好地理解和预知对方的情绪和行为，也可以促使对方产生利他与合作行为。

### 三、同心共鸣能力

共情能力的第三个层级是在达成共识的前提下，形成与对方相对统一的态度、观念、主张，甚至理想、信念与信仰的能力。共情可以促使人们之间了解、理解、认同、产生好感并建立信任，进而有利于人们产生利他行为和亲社会行为。共情能力的发展过程是从较低级的情绪感染到较高级的同情关注和观点采择。共情是一种态度，一种对他人的关切、接受、理解、珍惜和尊重，相同的认知才会形成相同的态度。

### 四、同行共振能力

每一个个体在社会生活中总是归属于某些特定的群体，或者对特定的群体会产生较为强烈的认同感，会在乎该群体的利益以及与该群体成员之间的关系。与此相应，人们也需要得到同类群体的支持和认同，对另外一些群体的共情则较难发生，甚至会出现幸灾乐祸的情形。显然，领导需要得到同类群体的支持和认同，因为，组织成员只有思想上达成共识，态度上达成一致，信念上达成统一，才会形成相同的行为。有研究表明，群体共情有利于避免群际攻击和群际冲突，从而有助于群际关系的改善。巴特森等学者认为：共情能构建起人们与他人之间的情感体验以及与他人幸福感的联系。因此，共情能力的第四个层级是与下属实现同心同向、同向同行、同频共振的能力。显然，在社交活动和组织活动中，共情能力高的人能够更容易、更迅速高效地与对方实现同境共感、同理共识、同心共鸣、同行共振。

### 第四节　影响共情能力的因素

影响或决定共情能力高低的因素有诸多方面，大致可以分为个人因素和环境因素两大类。

#### 一、个人因素

一个人的出身背景、家庭环境、个人履历、学历高低、脾气性格、工作经历、知识见闻、相关群体、社交圈层、情商等因素都会决定或影响其共情能力。例如，要让两个家庭背景差异巨大、生活阅历截然不同、学识水平不同、工作没有交集的人实现高度共情是比较艰难的。

## 二、环境因素

沟通方式、交往频率、交际深度、熟悉程度、距离远近、社会阶层、社会地位、岗位关联程度、分工协作程度等，都是影响和决定共情能力的因素。例如，交往频繁、了解深入、密切协作的两个人或两个人群更容易形成高度共情，而互不熟悉、极少交往、沟通不畅的两个人或两个人群较难形成共情。

## 第五节  共情管理策略

以上级领导面向下属的共情管理为例，领导在共情管理中可能会遇到的难题及自解方略通常有以下八种情形。

### 一、秀才遇兵：求助他人，建构感知

秀才遇到兵，有理说不清。领导与下属由于角色地位、处境阅历、学识认知等不同，有时很难做到有效沟通理解。在此情境下，领导可以求助于与下属有更多共同语言的他人来帮忙沟通，以便得到理解，实现共情。从共情效果来看，自己说"请您理解"远不如他人劝"理解他吧"效果好。卡尔·维克认为，建构感知是指领导通过帮助下属分析他们目前的处境、解读过往的经验、展望未来有可能面临的各种情境、帮助员工建立起对周围环境的理解等途径，实现与下属的共情。

### 二、不解民情：亲身体验，博闻广问

共情能力高的领导一般具有更卓越的沟通与社交能力，能够有效地洞悉员工的情感变化与需求指向。人与人之间最难得的是理解，最痛的

是误解与曲解。由于组织管理结构的层次化，组织规模越大，管理层次越多，越容易造成高层领导与下属及基层员工之间的隔阂，同时由于领导身处高位，一方面忙于事务，接触下属员工与基层群众的机会不多，与下属实现共情有着天然的阻隔与不便；另一方面，由于身份地位不同，即使与下属接触频繁，也很难做到与下属推心置腹地沟通，对下属的境遇也很难做到烂熟于心。这就需要领导在条件允许的情况下，广开言路、兼听则明、博闻广问，亲身深入基层和工作一线，调查了解现实情况与员工处境，亲身体验，全面真实地了解下属的境遇，以便感同身受，实现共情。

### 三、情境变迁：工作重塑，适当授权

工作重塑是指，下属为了让自己的偏好、兴趣、动机以及激情能够与工作目标相一致而自我实施的改变其工作内容及关系边界的一系列积极行为。共情并非必须直接沟通与接触，领导也可以通过工作重塑、流程再造，巧妙地实现与下属的共情。传统领导模式下，领导往往注重工作任务自上而下的设计与下发，通过下发工作任务促使员工被动地接受工作内容和机械地完成自己的工作任务。但在网络经济时代，工作环境动态复杂，工作任务复杂多变，作为身处基层的下属，他们需要根据工作情境的变化，对工作内容做出相应的再设计，这就需要鼓励下属树立主动改变行为的理念与创新工作任务的精神。

工作重塑通常具备积极主动、过程适应与非物质回报三个显著特征。积极主动是指鼓励员工主动去发现并识别工作中存在的不足，同时重新设计工作内容和任务，并通过自己的努力主动弥补与完善工作中存在的不足，而且主动地影响下属工作的环境；过程适应是指工作重塑不是一蹴而就的，而是一个渐进持续的过程；非物质回报是指员工可以通

过工作重塑获得一些非物质的收益和回报，具体如形成对工作的认知与了解、发现工作的意义与价值，甚至还可以通过改变与他人相处的方式来促进个人成长与组织发展，还可以是获得精神上的愉悦与满足。

### 四、思维惯性：问计于民，借以谋断

情境就是在一个特定的时空场景中所呈现出来的，能够影响人们理解目标刺激的意义的所有事物的综合。现实生活中，许多刺激本身没有固定的意义，但在特定的情境中却有着恰当的意义，这就要求领导对情境具有敏感性。由于领导与下属处境不同、角度不同、站位不同，长期养成的思维惯性，常常导致领导做出的决策，甚至一些利好下属的福利政策，有时都会与下属期待的结果出现极大差异，甚至适得其反。此时，领导不如问计于民，听听下属的预期，或者由下属拿出决策方案，了解清楚下属希望的决策方案，再做抉择与批示。

### 五、决策主观：征求意见，试点验证

某项决策的谋划与决断，脱离不了领导的主观认识与判断的局限，主观性越强，越难实现共情。领导实践中，常常会出现好心办坏事、吃力不讨好，甚至适得其反、背离初衷的尴尬结局。有效的共情不是简单地站在自己的角度上考虑问题，而是站在对方的角度上考虑问题。领导若要实现有效共情，就要确认自己是否能和下属站在同一角度考虑问题，在此情境下，有效规避主观局限的方法是拿出决策方案后，先做小范围的试点，并广泛征求意见，力求实现与最多数人的共情。

### 六、力不从心：借助智囊，集思广益

共情并不是需要改变谁，而是要让下属理解你。领导决策的科学性

取决于掌握信息的充分性和分析事物的全面性，这并非易事。领导都希望与下属实现高度共情，但常常会出现心有余而力不足的结局，此时可以借助智囊的力量，集思广益，全面客观地了解下属的情况与处境，采取有效的共情管理措施，从而实现有效的共情。

### 七、合情违规：内方外圆，守正出奇

领导不仅仅是管理，更重要的是影响，是"人心换人心"。中国式领导是发扬中国传统文化中的领导智慧、思维和行为方式去感召所属群体及关联人群实现某个目标的过程。中国式领导逃不过情理法，关键是在对待具体问题上如何正确处理三者的关系，只有将三者的关系处理好，才能安己宁人。管理实践中，也并非情理法都能达到高度的一致，合情却未必合理、合规，合理、合规却未必符合人情世故，考虑了人情却未必有利于领导目标与任务的实现。对于此类共情难题，领导既要坚守原则，不违背制度与政策，不违反规范与纪律，又要讲求工作的艺术，善于变通，以求得到下属的理解与配合。

### 八、各得其理：求同存异，和合与共

在领导实践中，领导与各级下属，婆说婆有理、公说公有理，各有其情、各有其理，清官难断家务事也是常态。特别是领导与下属身份地位、阅历学识、履历背景等不同，对同一件事有着不同的态度观念与觉悟认知，也是合乎情理的事情。对于此类共情难题，则要注意抓大放小，大事讲原则、小事讲风格，求同存异，寻找共同话题，力争实现和合与共。

共情能力强的领导一般具有包容的胸怀和理解的艺术。心理学家莎拉·霍奇和丹尼尔·韦格纳把实现共情的过程比作登山，认为登山和共

情都十分艰难,需要付出艰辛的努力。人们想要成功登顶,既需要有给力的扶手和显眼的路标来指引,还有赖于人们为坚持攀爬而付出的努力。共情的"扶手和路标"指的就是包容的胸怀和理解的艺术。

### 九、读心不易:借物洞悉,心领神会

同样的处境,不同的下属会有不同的体验,简单地观察外部环境或粗浅的体验,很难实现有效的共情。而且,无论两个人之间交谈如何欢畅、沟通多么深入,也很难理解对方表达的全部意思。所谓知人知面不知心,没有透彻的心灵沟通和情感回应,共情并非易事。但进行深入的心灵沟通,并非只有语言交流这一个途径,言语行为沟通障碍也会引发歧义和误解。在现实生活中,社会性信息的内在含义高度依赖于情境,而且有些社会诉求和特定意思未必能够在具体的情境中表露出来,此时就需要利用情境线索进行内隐的推断分析。为此,领导可以通过对一些间接事物的观测与分析,了解下属的心境与情感。例如,可以通过歌单、书单、个人好恶清单、细节禁忌清单、愿望清单、旅行计划、兴趣爱好、社交圈层、微博状态、微信朋友圈、发布的短视频,以及通过个人特质、性格、情绪分析等,准确了解下属,以实现有效共情。例如,微表情是指自然状态下,出现较快且能反映人们真正情绪体验的表情,领导有意识地加强微表情识别训练,可以快速识别他人的表情、内心诉求、真实情绪,以提升共情认知与管理能力。

### 十、消极共情:树立典型,榜样示范

领导与下属的共情毕竟不同于普通员工之间的共情,也不同于同一阶层领导之间的共情。领导与下属的共情必须有助于组织目标的实现,必须有助于领导任务的完成,不能因为共情而一味地理解、同情、包容

下属，进而放弃组织目标与领导任务，我们把上述现象称为"消极共情"。共情不是同情，不是领导对下属的示弱和屈服，领导理性的、积极的共情管理，应该是将共情管理作为实现组织目标与完成领导任务的有力工具。在此情境下，领导可以通过树立典型，通过榜样示范的作用，实现下属与领导的向上共情。

人们可以从典型人物身上获取积极的态度、观念、情感和思考，也可以从榜样人物身上借鉴学习与领导相处的方式。通过树立典型人物，用人启迪人，用人教育人，用人点亮人，用人感召人，用人引领人，做到领导与典型人物和下属的三方共情，成风化人、利于管理，不失为一种有效的共情方略。

# 第十章
# 和商精神

企业家精神是企业家才能中最具活力、创新力、主观能动性、开发潜力和最值得激发与保护的精神力量。激发和保护企业家精神，首先要对企业家精神的内涵与外延有一个明晰的界定。自1921年弗兰克·奈特（Frank Knight）最早提出"企业家精神"这一用语以来，企业家精神的概念被众多学者从不同视角加以阐释。近年来，探讨企业家精神的研究文献与成果日渐增多，企业家精神的内涵也不断得到充实、完善与丰富，但迄今为止，尚未形成一个统一的、公认的、权威的定义。企业家精神离不开文化的滋养，特别是离不开绵延不绝的优秀传统文化基因的滋养。和合文化是我国传统文化的精髓，有意识地引导、熏陶、教化、激发企业家的和商精神无疑是富有积极意义的。

商祖白圭认为："吾治生产，犹伊尹、吕尚之谋，孙吴用兵，商鞅行法是也。是故其智不足与权变，勇不足以决断，仁不能以取予，疆不能有所守，虽欲学吾术，终不告之矣"（《史记·货殖列传》）。这段话的意思是，我经商做生意，就好比伊尹、吕尚的谋略，孙子、吴起用兵打仗，商鞅治国行法一样。因此，如果一个人，智慧不够、不能权变，勇气不够、不能决断，仁爱不够、不能明白取舍，不够坚强、不能坚持，那么虽然这人想学我白圭做生意的方法，我也不会告诉他。这是白圭提出的一位合格的商人应该具有的"智、勇、仁、强"四种品质。这四种品质即最基本的商业精神或企业家精神。"智"是权变，是随机应变的智慧；"勇"是坚决果断的勇气；"仁"是仁义之心，"取予有道""取予以仁"；"强"是有所守，严于自律。

## 第一节 企业家精神的内涵

企业家"Entrepreneur"一词是从法语中借用来的，意指"冒险事业的经营者或组织者"，最早由法国经济学家理查德·坎蒂隆提出。他在 1775 年出版的《商业概览》一书中将企业家定义为承担风险的人。企业家才能、企业家精神，皆由英文 Entrepreneurship 翻译而来。企业家才能（Entrepreneurship）指企业家经营企业的组织能力、管理能力与创新能力。企业家精神则是 19 世纪后，西方学者对企业家群体具有的某些特征的归纳。关于企业家精神的内涵，归纳而言，主要有以下四类观点。

### 一、等同于企业家才能

经济学认为，企业家精神是某些人所具有的组织土地、劳动及资本等资源用于生产商品、寻找新的商业机会，以及开创新的商业模式的特殊才能。

企业家才能外延更为宽泛，广义的企业家才能包括企业家精神、企业家知识、企业家能力、企业家素质等因素。除企业家精神之外，企业家才能还包括计划、组织、领导、决策、控制、金融、财务等一系列的企业经营管理能力，以及企业经营管理知识、企业家身心素质等诸多因素。

### 二、企业家意志、意识、思维活动等一般心理状态

丁栋虹教授认为，企业家精神是指企业家在所处的社会经济体制下从事工商业经营管理的过程中，在激烈的市场竞争和优胜劣汰的无情压力下形成的心理状态、价值观念、思维方式和精神素质；李畅、孙旭认

为，企业家精神是财富欲望下的特殊精神气质……

笔者赞同这一观点。企业家精神是企业家才能的灵魂与品质，举例而言，企业家才能是把菜刀，企业家精神就是操纵这把利刃的思维、思想与意识、意志。企业家才能与企业家精神最终通过企业家行为与活动体现并发挥作用。

### 三、企业家才能、行为和活动的有机构成

美国著名创业研究学者威廉·拜葛雷夫（William Bygrave）将企业家精神理解为"企业家过程"（Entrepreneurial Process），并指出这一过程包含企业家寻找市场机会并创建组织，以创造与价值有关的所有功能、活动和行为。这或许说的是企业家创新创业的过程，而非企业家精神。

### 四、要素列举法

彼得·德鲁克在《创新与企业家精神》一书中认为，创新等同于企业家精神；丹尼·米勒较早提出企业家精神的基本维度为创新、冒险、超前行动；陈春花教授认为企业家精神包括实践的创新、一种基本的工作状态、行动与结果的关系、有一个专注和投入的过程、使命感和责任感五大内涵；李玉彤认为，企业家精神的本质有基于智慧的判断、基于时机的执行力、基于目标的社会责任感三点。汪丁丁认为，企业家精神是人们对特定文化价值观选择的结果，它主要包括熊彼特提出的创新精神、韦伯提出的敬业精神和诺斯提出的合作精神三种主要成分，并认为这三者共同构成了企业家精神，缺一不可。魏文斌教授认为，创新、诚信和责任是企业家精神的三要素。周其仁认为企业家精神包括三点：一要能够创新，二要擅长发现潜在的市场机会，三要能驾驭市场的"不确

定性"……企业家精神是一种系统性的精神力量、体系性的逻辑思维与决策过程、无形的领导影响力，并不只是由某一个或几个因素所组成。

企业家、企业家才能、企业家精神都是舶来品，在汉语词汇中，这三个词虽无权威统一的定义，但也有着明显的区别。企业家指的是企业家这个人，企业家才能指的是企业家的才华与能力，企业家精神指的是企业家在企业经营活动中表现出来的态度、意志、品质、勇气等精神意识层面的内容。Entrepreneurship 有企业家才能、企业家、企业家精神等含义，在国外一些文献中，在不同语境与情境下，经常互换使用。翻译引进至我国后，在企业家、企业家才能、企业家精神这三个概念的使用上较为混乱，因此，建议国内学者在翻译引进国外文献时，最好在厘清概念的基础上，找到能恰如其分表述其内涵的词汇，以免造成不同语境、不同概念的沟通障碍。

企业家精神既是蕴含在企业家意识、意志、思想、思维之中的一种一般的心理状态特征，也是体现在企业家行为之上的一种一般的行为状态特征，包括贯穿于企业家职业活动中的商业宗旨、商业价值观、商业伦理、商业道德、经营理念、商业思想、管理风格、商业思维、精神品质、商业态度等诸多方面的精神因素，具体体现为企业家理性和非理性逻辑思维体系所决定的成功的经营管理企业的行为。

## 第二节　企业家精神的特点

相比于企业家个人生活精神、职业精神、企业精神、工匠精神等，企业家精神具有以下特点。

## 一、商业性

企业家精神是企业家个人精神与商业精神的交集（如图10-1所示），而不是企业家个人一般的社会生活精神。对企业家精神之内涵与外延的观察、探索与研究，主要以企业家商业活动、企业经营活动为界限，仅探讨其在商业经营活动范畴内所表现出来的、以企业家身份带领企业成功开展市场经营活动的一般的心理与行为状态特征，而非其他。当然，通过企业家日常生活、求学谋生、人际交往、待人处事等活动，间接观测其精神特质，也未尝不可。但由于日常社会活动与企业市场经营活动内容不同、本质不同、性质不同，只具间接参考作用。

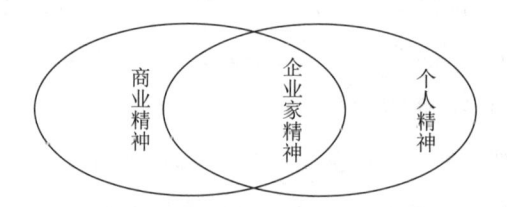

**图 10-1　企业家精神的商业性**

如若认同这一观点，则当下概括企业家精神的诸多词汇将被排除在外。例如，果敢、机智、自力更生、富有进取心、敬业等诸如此类概括描述企业家精神的词汇，试问哪个行业、哪个职业人群不需要这样的精神呢？何况这些精神既不必然是商业精神，也不必然是企业家精神。当然，并不是说企业家精神不包含果敢、机智、自力更生、富有进取心等这样的因子，而是说要立足企业家身份、审视企业家企业经营活动与绩效以研究企业家精神。例如，日常生活中的勤俭节约精神，表现在企业家的企业经营活动之中，则应是一种追求资源合理配置和有效利用的经济意识和思维，而非简单的节约或一味节俭。

国内不少学者也把敬业精神作为企业家精神的重要内容。笔者并不赞成这一观点，因为，敬业是一种职业精神而非企业家特有的一种商业精神，假如敬业可以算作企业家精神，那可以胜任企业家职位的人一定很多，但敬业未必就是一个称职的企业家。然而，韦伯的《新教伦理与资本主义精神》一书认为，对中世纪欧洲的企业家而言，财富是他们辛勤劳动的象征，财富积累越多，说明越恪尽职守，越可以得到上帝的恩宠。韦伯把在此动机下，企业家所表现出来的辛勤劳动、勤勉节俭、坚忍不拔、把工作当作生活本身和目的的精神品质，称为"敬业精神"。这种敬业精神，显然是针对企业家执着追求财富所言的敬业精神，而非针对一般职位所言的敬业精神。

创新是企业家精神的重要内容，这是中外学者比较一致的看法。熊彼特认为，企业家即创新者，是"经济发展的带头人，实现生产要素重新组合的创新者"。企业家的创新有五种类型：引入新产品、引入新的生产方法、开拓新的市场、夺取原材料或半成品的新供应来源、创立新的工业组织。德鲁克的《创新与企业家精神》一书认为，创新是企业家的灵魂、创新是企业家的工具，企业家的创新精神体现为一个成熟的企业家能够发现一般人所无法发现的机会，能够运用一般人所不能运用的资源，能够找到一般人所无法想象的方法。显然，这种创新精神是一种商业精神，而非其他领域的创新，也非一般意义上的发明创造。创新的领域和范围极为广泛，若指市场创新、产品创新、管理创新，经营管理活动的创新意识与意志则属于企业家精神的范畴；若单提创新，则其未必是企业家精神的内容。试问，企业管理当局在选任企业家时，会不会把同时具备一般意义上的（非商业精神意义的）创新精神、合作精神和敬业精神的人当作最佳人选呢？同时具备创新精神、合作精神和敬业精神的人就一定是一个优秀的企业家吗？很有可能连称职都算不上。

## 二、战略性

如图 10-2 所示，企业家精神是对企业系统设计的商业精神，而不是一般意义上的商业精神。企业家精神是蕴含与体现在企业家身上的一种精神特质，虽也具有一般商业精神的一些共同属性，但企业家精神相比一般的商业精神而言，应该具有显著的战略性、领导性特征。这是因为，掌管一个企业的企业家，身处企业领导决策层，无论其掌管的企业是大型企业、中型企业、小型企业还是微型企业，其商业活动心理与行为与处于执行层、管理层的一般商业人员相比，在视野、格局以及所需处理的人和事上都有很大不同，因而其精神应该具有高瞻远瞩、深谋远虑、总体规划、总揽全局的战略性特征。这是企业家精神与工匠精神的显著不同。联想集团董事长柳传志曾说：治理一家公司是一个系统设计，应该系统思考，既不能片面重视和强调某个环节，也不能忽视某个环节，还要注意好推进节奏。德鲁克在《创新与企业家精神》一书中认为，创新是每位高层管理者的职责，它始于有意识地寻找市场机遇。

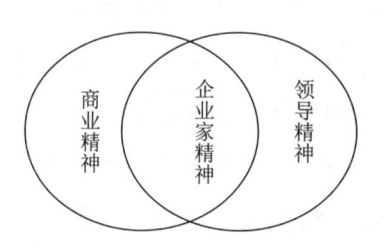

图 10-2 企业家精神的战略性

## 三、历史性

首先，企业是个与资本经济相关联的概念，企业家精神是个历史范畴，以真正意义上的企业和企业家存在为前提。我国企业产生的历史，最早可以追溯到鸦片战争后。1840年的鸦片战争使中国被动地卷入资本主义浪潮之中。19世纪60~90年代的"洋务运动"中，带有资本主义性质的工业企业开始出现。在民国时期，涌现出一批企业和企业家，如张謇、被称为"中国民族化学工业之父"的范旭东、被称为"面粉大王"的荣氏兄弟、"船王"卢作孚等。自改革开放到现在，随着市场经济体制的不断完善，我国诞生了一大批优秀的企业和企业家。

可想而知，没有真正意义上的企业和企业家，企业家精神也就无从谈起。彼得·德鲁克在《创新与企业家精神》一书中认为：并不是所有的新的小型企业都是企业家的，或代表企业家精神。熊金武曾提到：从《史记·货殖列传》记载的秦汉企业家到明清商帮，再到近代及改革开放时期的企业家，企业家精神可谓光辉灿烂……[1]"秦汉企业家"这一说法，显然有欠科学、值得商榷。

其次，如图10-3所示，企业家精神是一种商业精神，但并不完全等同于商业精神。汤亮在《中国企业家精神的三个重要特征》一文中提到：人类社会自从有了商品经济，就同步诞生了企业家。[2]以中国而论，哪朝哪代没有富可敌国的大商人，没有显赫一时的企业家？显然，这一观点简单地把商人等同于企业家，把企业家精神等同于一般的商业精神。虽然彼得·德鲁克的《创新与企业家精神》一书认为企业精神不局限于经济组织，但笔者认为，其要义在于非经济组织的企业化经营与企业家精神的应用。

---

[1] 熊金武. 理解历史上的企业家精神：基于中国经济史学研究的反思［J］. 中国经济史研究，2017，(5).
[2] 汤亮在. 中国企业家精神的三个重要特征［N］. 中华工商时报，2017-10-10.

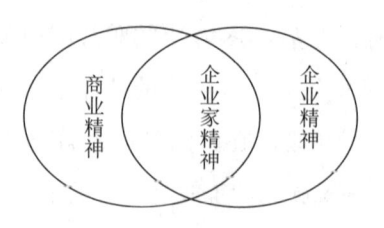

图 10-3　企业家精神的历史性

## 四、传承性

如图 10-4 所示,企业家精神的传承性是指,一方面,企业家精神是政治、宗教、商业哲学、商业精神等诸多社会文化历史传承在企业家身上的体现。例如,西方宗教文化是西方国家企业家精神的重要源泉,日本的大和文化是日本企业家精神的重要基因,在中国传统文化中也不乏建构我国现代企业家精神的丰富成分;另一方面,企业家精神也是可以被继承、发展与传习弘扬的。为此,一方面,要注重挖掘传统文化,特别是商业文化、商业精神中富有价值的企业家精神素养;另一方面,对现当代优秀的企业家精神也应注重激发与弘扬。但需要注意的是,企业家精神可以吸收传承真正的企业家产生之前的商业精神、商业文化中的积极养分,但不能说这些传统的商业精神就是现代的企业家精神。

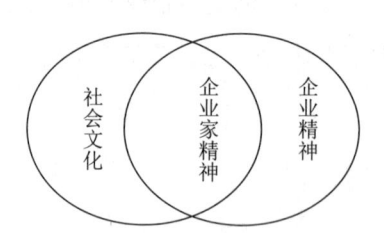

图 10-4　企业家精神的传承性

## 五、个体性

如图 10-5 所示，企业家精神是一种区别于企业精神的个体精神，而不是一种组织精神。有些学者认为，企业家精神可以划分为企业家个体、企业和社会三个层面的精神。企业精神是企业员工共同认同的内心态度、意志状况和思想境界，是企业经营宗旨、价值准则、管理信条的集中体现，是形成企业内部员工群体心理定势的主导意识。但企业家精神不完全等同于企业精神，企业家精神是企业家个体精神特征的外在体现，企业家精神对企业精神的形成和趋向具有重要的导向作用，其作用可以通过企业精神的形成有效发挥。

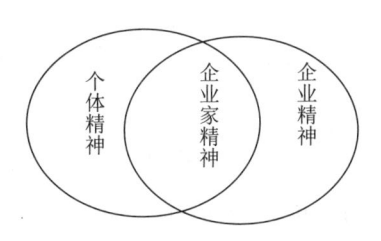

图 10-5　企业家精神的个体性

企业家精神虽然是一种个体精神，但并不否认，其既具有企业家群体共有的一般性的普遍性的内容，即企业家群体精神，也具有企业家个人的特殊性的内容和精神特质，即企业家个人独特的企业精神。人们一般以成功企业家个人内在的经营意识、经营品质、商业胆魄和魅力为标准来识别、挑选和选用企业家。例如，南开大学刘鹏程、李磊、王小洁等学者研究发现，我国女性生存型创业率高于男性，机会型创业率低于男性。

陈忠卫认为大规模集体决策机制下的高层管理团队企业家精神包括集体创新、分享认知、共担风险、协作进取四个维度。这是一种基于个体精神的较高层次的企业家团队精神或团队企业家精神，值得进一步研究。

### 六、时代性

企业家精神既具有显著的历史传承性，又具有明显的时代性，如图 10-6 所示。企业家精神是历史传承与时代精神交融的产物，在企业发展寿命周期的各个阶段，影响企业家精神发挥作用的主要因素也会不同。

图 10-6 企业家精神的时代性

从西方国家的经济发展历史来看，企业家的发展大致可以划分为自由竞争阶段、垄断市场阶段、职业经理人时代和知识经济时代四个阶段。不同的阶段，因企业经营的社会环境因素不同，所表现出来的企业家精神也有很大不同。例如，谢慧敏的《中国企业家精神的三代异同》一文将中华人民共和国成立以后及改革开放以来的企业家精神按特征分为 1.0 时代、2.0 时代和 3.0 时代，并分别概括为 1.0 时代的敢为人先、艰苦奋斗、家国情怀，2.0 时代的创新创业、坚忍不拔、开放合作，3.0 时代的坚守品质、追求卓越。

企业家精神既有亘古不变、中外相同的成分，也有显著的与时俱进、适应时局的时代性内容。显然，在农业经济时代、手工业经济时代、机器工业时代、网络经济时代、知识经济时代，企业家精神或多或少会具有不同的成分与内容，在时代变革转折期，企业家精神不能随之应变者，企业命运则大多会急转直下、瞬时颓败。对企业家精神的分析研究过去通常是从商业、管理及个人特征方面入手，进入21世纪后，对企业家精神的分析研究已经拓展到心理学、行为学和社会学等更为宽泛深入的领域。蒙代尔国际企业家大学董事长吴姝认为企业家精神至少应具备三点，其中之一便是要具有时代精神和特征，表现为宽广的世界眼光、战略思维能力，以及为人类服务的国际胸怀。

## 七、内生性

如图10-7所示，企业家精神是外显于企业家行为的一般的内在心理状态特征。按照心理学理论，任何人的行为都是一个由需要到动机、由动机到行为的"由心动到行动"的过程。企业家精神虽然是一种内在的思维、意识与意志特征，但具体到某一企业家，企业家意识、意志、思维状态最终只有通过企业家行为才能间接体现出来。显然，企业家精神既是内生的也是外显的。因此，那种认为"企业家精神并非内生的，而是由外而内的"的观点[1]也是值得商榷的。

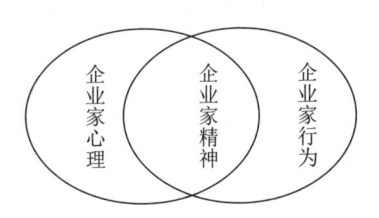

**图 10-7　企业家精神的内生性**

---

[1] 李智临.企业家精神研究[D].沈阳：沈阳师范大学，2017.

## 八、稳定性

企业家精神是一种外显于企业家身上的一般状态特征，也就是说，企业家精神不是指企业家偶尔的一次两次心理与行为特征表现，而是指一种较为长久的、稳定的、已然成惯性的、鲜明的企业经营意识、思维或意志特征。陈春花教授认为企业家精神包括五个方面的内涵，其中之一是基本的工作形态。徐燕鲁也认为企业家精神的精髓，是企业家对组织成长的持久不断的渴望以及所具备的随机应变的能力。

## 九、潜在性

企业家精神是一种蛰伏蕴藏在企业家体内的内在心理特征，这种心理特征只有在特定的情境之下，在特定的诱因影响之下，才有可能激活而形成企业家行为，发挥其作用，对企业的市场经营与发展产生积极的促进作用。如图 10-8 所示，企业家才能包括企业家精神，企业家精神是企业家才能最有能动性、最具潜力的因素，企业家精神一旦激活得以释放，就如同按下核按钮，引爆企业家才能，使企业家才能加倍发挥效力。

"良禽择木而栖，良臣择主而事"，优秀的企业家只有在合适的情境和职位上才能激活企业家精神，发挥出积极的作用与力量。为此，从企业管理当局层面来说，建立有效激活、高效释放企业家精神的管理体制尤其重要。

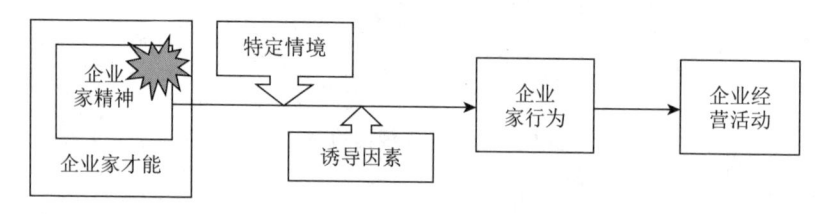

图 10-8 企业家精神作用于企业经营活动的过程

### 十、资源性

企业家精神是一种可以为企业带来效益的稀缺资源。经济学家认为，企业家才能是把土地、劳动、资本这三个生产要素结合在一起进行活动的第四个生产要素。对企业而言，不是人人都可以成为企业家，显然，企业家才能是一种稀缺的生产要素，蕴藏在企业家身上的企业家精神更是一种稀缺的资源。企业家精神是企业家才能中最具活力、创新力、主观能动性、开发潜力和最值得激发与保护的精神力量。对于某一具体企业家而言，蕴藏在其身上的企业家群体基本共有的精神是一种稀缺资源，蕴藏在其身上那种独特的、个性化的企业家精神则更加稀缺与珍贵。为此，对这种稀缺资源要开发、保护，同时在企业利润分配中要予以考虑。虽然企业家人力资本是一个包含企业家所具有的所有有经济价值的"资源"的概念，但企业家精神并非天然地就是人力资本。只有企业重视企业家精神与能力、建立了人力资源会计、人力资本分配等制度，企业家依靠企业家精神的投入，可以根据其绩效获得利润分配时方可称为资本，在企业家精神获得资本身份之前，只能算作企业家可以投入企业的资源，企业可资开发利用的资源。

## 第三节 和商与和商精神

### 一、和商的概念

和商主要有以下几层概念。

1. 和合经营商人

"商"当作名词讲，指商人，是指从事商品交换活动或商业活动的人。"和商"当作名词来讲，是指传承和合文化、遵循和合哲学、体现和合精神的企业经营管理者或企业家，是与儒商既有交叉重叠又有差异区分的商业经营者群体。

2. 和合经营活动

"商"当作动词讲，是指商业经营活动。因此，"和商"当作动词来讲，是指贯彻体现和合经营哲学的商业经营活动。具体而言，和合经营活动的显著特征是实现企业经营目标、企业外部经营环境与企业内部条件三者之间的动态平衡。从具体方略而言，企业和合经营战略规划，是指企业在面对具体的外部环境机会与威胁时，能从自身条件出发，有效发挥优势并合理规避其劣势。

3. 和合经营能力

一般而言，智商是智力商数的简称，是指通过一系列的标准测量人在某一年龄段的智力发展水平。美国斯坦福大学心理学家特曼教授用心理年龄与生理年龄之比作为评定儿童智力水平的指数，这个比被称为智商，用公式表示即：IQ=MA（心理年龄）/CA（生理年龄）×100。人们称这种智商为比率智商。情商主要反映一个人感受、理解、运用、表达、控制和调节自己情感的能力，以及处理自己与他人之间的情感关系的能力。

引用情商、智商中的"商数"这一概念，和商则是指一个人既追求个性发展，又能求同存异与他人合作共事，为自己营造一个有利的生存环境，建立一个属于自己的社会网络，创造一个有利于自己发挥才能的空间的能力。其中最能动、最具活力的部分是和商精神。

和商的这三层含义，和合经营商人是和商的载体，和合经营活动是和商的体现，和合经营能力则是和商的核心内容。因此，和商是指有效践行和合经营哲学的管理者通过和合经营活动所体现出来的和合才能。

## 二、和商精神的内涵

有人说"管理学后面是经济学,经济学后面是哲学,哲学后面是宗教",有一定的道理。企业家精神来源于背后滋养它的文化,而企业家精神的品质决定了企业家的格局与高度。优秀的传统文化、优秀的商业精神,特别是优秀的儒商精神是建构当代中国企业家精神的源头活水。和合文化、和合哲学、和合精神是我国传统文化之精髓,也是企业家精神之内核。

古今中外,成功企业家经营管理企业所体现出来的和商精神是指,在企业经营活动中,在处理方方面面的关系时,企业家能够遵循"和而不同,不同而和"的指导思想,在承认"不同"利益主体之间的矛盾与差异的前提下,致力于把各利害相关者统一于一个相互依存的生态系统之中,并在这个生态系统动态和合的过程中,发挥各利害相关者之优势而避免其劣势,使之达到最佳组合,由此促进现代企业经营生态系统的高效建立与良性运行,最终实现企业生态系统各成员的和合共赢。和合经营精神是企业家精神的内核,目前中外学者所概括的体现企业家精神的所有词汇,所体现的其实都是一种和合精神与和合哲学。

## 第四节 和商精神的内容

和合经营精神是和商精神的内核。中国人民大学张立文教授认为儒商精神的内涵之一是和合精神,商业合作应当和而不同,不同而和,追求商道与天道、人道的和谐。复旦大学马涛教授认为儒商之道有三点要义:一是仁学,仁就是仁者爱人,就是考虑怎样为他人创造价值,自己自然就有收益了;二是为德,德包含信和礼,就是企业家一定要有利天下的胸怀；三是和为贵，和为智。君子和而不同，儒家的和反映在商业经营上就是互相弥补。

张立文教授构建的和合学理论认为：21世纪，由工业文明向信息文明转型的过程中，凸显出人类共同面临的人与自然、人与社会、人与人、人的心灵、各文明之间的五大冲突，并由此引发生态危机、社会危机、道德危机、精神危机和价值危机五大危机。基于"融突论"的和合观念认为，人类可以通过最低限度的共识，获得和生、和处、和立、和达、和爱五大原理，以应对21世纪人类所面临的五大冲突和危机。这五大原理对于企业家应对在企业经营活动中所面临的诸多冲突与问题依然适用，因为企业家在领导企业开展经营活动的过程中，同样会面临企业与环境、企业与顾客及各合作者、企业与竞争者、企业内部公众之间、企业与社会之间的各种利害冲突。结合和合学理论的五大原理，和商精神主要体现在表10-1所示的五个方面。

表10-1 企业家和商精神的内容

| 企业家精神 | | 心理特征 | 具体表现 |
| --- | --- | --- | --- |
| 和合经营 | 和合共生 | 企业与环境和合共生 | 发现商机、把握商机、经营创新、管理创新、识别与防范商业风险、进取、远见、学习、创业精神 |
| | 和合共处 | 企业与合作者和合共处 | 诚信、合作、公平、契约精神 |
| | 和合共立 | 企业与竞争者和合共立 | 合作、争先、公平、创新 |
| | 和合共达 | 企业成员和合共达 | 敬业、奉献、坚韧、坚毅、精进、追求卓越、内控 |
| | 和合兼爱 | 企业与社会和合共赢 | 责任、担当、义利统一、法治 |

## 一、和合共生精神

按照和合学理论，和生说的是人与自然之爱，意即人类要生存延续，就应以共生意识为基础，顺应自然，得山水之性，享受环境馈赠。也就是儒家所提倡的"天地之大德曰生""万物并育而不相悖"的精神体现。

萨伊认为，企业家通常并不引发变化，但企业家总是寻找变化，对其做出反应，并将其作为机遇加以利用。作为企业，若想在市场经营活动中获得成功，就必须系统深入地研究其内部经营条件与外部经营环境，力求使其经营战略与策略切实有效，从而实现企业内部条件、外部环境、企业经营目标之间的平衡。在企业经营活动中，普遍被企业家贯彻实施的 SWOT 分析法，同样也是谋求企业内部条件的优势、劣势与外部环境机会、威胁之间的平衡与合理配置，这就是一种显著的和合共生经营精神。

对于企业生态系统而言，如果已经实现良性运行、动态平衡的系统状态，各子系统之间就应树立和合共生的意识。因为任何一方的生命受到威胁或危害，另一方的生命亦会因此而不可逃避地遭到威胁和危害，只有共同生存才能使各自的生命延续得到保障，和生才能共荣共富。当然，和生必然有竞争与冲突，甚至可以说竞争与冲突也是和生的一种方式，如优胜劣败，适者生存。

具有和合共生精神的企业家，面对企业系统内或系统间的竞争与冲突，往往会致力于导向融突而和合，使企业生态系统内各企业从竞争走向竞合，从竞合走向和合，实现动态的和荣和富。

## 二、和合共处精神

和商精神是一种"和而不同"的"道并行而不相悖"的精神，孔子认为和谐的关系只能在求同存异的前提下，在多样性、多元化并存的基础上建立。"独木难成林，独店难成市"。企业若想实现健康长远的发展，必须与供应商、合作者、中间商、顾客、营销公众，甚至竞争者形成一个分工协作、相互依存、既竞争博弈又协同发展的命运共同体。形象地说，类似苹果这样的公司，永远是一把大伞，可以让下边众多的小厂家都能活。

华为公司创始人任正非认为：公司的问题是赚钱太多，因为我们不能把价格降低，降低以后，就把所有下面的公司全挤死了，就成西楚霸王了，最终也是要灭亡的，所以我们不能在产业中这样做。

同样，褚时健也强调企业经营活动中的"利益平衡"，他认为利益的产生是个相互作用的过程，与人合作必须给人利益，这个世界上并不存在只有一个人赚钱的生意。适当让渡利益，常常会获得更大的利益。

格兰仕集团梁昭贤认为，中国制造也迈向汇聚众智、转型升级的新阶段。中国制造转型升级、创新发展的核心，就是要写好这个"众"字，经营好"三个人"：一个是企业各方面人才，一个是产业生态圈伙伴，一个是全球广大消费者。

中亿丰建设集团（以下简称中亿丰）以和合文化为企业文化，将源自中国传统文化的和合精神与企业管理运营的实际相结合，在企业发展的每一个节点上始终注重以和合的方式推进矛盾冲突的化解。

这种站在企业生产经营生态系统良性发展与运行的角度考虑问题、把利害相关者视为企业生存发展命运共同体的态度与观念，就是一种典型的和合经营哲学与和商精神。

企业在市场经营活动中，会面对供应商、顾客及中间商、物流商、金融机构、保险机构、商检机构、认证机构等诸多合作者，对于企业家而言，就是要具备一种正确处理好企业与社会之间的关系的和合精神。

20世纪80年代以后，从西方国家引入我国的公共关系学已成为企业管理人员的必修课程。公共关系的核心思想，就是主张企业应该积极主动地与社会公众开展卓有成效的公共关系活动，以为企业营造一个宽松和谐、有利于企业发展的经营环境。这种公关意识正是和合哲学所倡导的和合共处精神。

### 三、和合共立精神

按照和合学理论，和合共立就是孔子所说的"己欲立而立人""己所不欲，勿施于人"的精神，所提倡的是以宽容的胸怀、开放的心态去接纳自然、社会、他人。每个人也有自己不同于他人的生活方式和行为习惯，以至于人们的心理结构、性格、气质等都大相径庭。因此，必须树立和合共立意识。

对于企业家而言，要想领导企业在激烈的市场竞争中立于不败之地，最为高明的做法无疑是规划实施差异化经营、独特的市场定位、错位经营、另辟蹊径等和而不同的市场经营战略。迈克尔·波特所倡导的目标聚焦战略、成本领先、差异化经营战略，都不主张企业开展针锋相对的竞争战略，而是通过聚焦目标市场的专业化经营、规模化经营的低成本领先和定位独特的差异化经营等战略，与竞争对手形成明显的市场区隔。这便是典型的和合共立精神的体现。

创新是国内外学者高度认同的企业家精神，传统的和合哲学蕴含着丰富的创新智慧。和实生物，以他平他才能丰长而物生之，尊重差异与不同，聚合不同的事物而使其和谐，这样就有利于创新。如果追求简单的同一，就不会产生新的事物。不论"乾道"如何变化，只要贯彻实施"各正性命"的主张，就可以在无穷无尽的变化面前立于不败之地。人们囿于优胜劣败的偏见，总以对立面的消灭、消亡为自我力量的实现和证明。然而，拥有和商精神的企业家，常常会树立和合共立的意识，化敌为友，形成产业集群，容纳接受、支持协助企业经营生态系统中其他各成员的生存，和合共立，共同发展。

任正非认为，在当今强烈的贪欲激荡下，人们常常会忘记敬畏。敬畏一种事物的本真和天性，敬畏自然形成的条理，就不会伤害到我们的身心。如果一味顺着自己的喜好，不顾惜公司整体力量，不顾惜周边人的利益和感受，看上去是顺应天性，实际上是为恶。遵规守矩意识是一种恭敬心，渗透到行动的方方面面，也是诸种关系的润滑油，这对企业和社会的运行十分重要。

褚时健也认为，无论做什么事情，人都要有一颗敬畏心，自然规律、市场规律都要遵守。例如，面对各方利益相关者，中亿丰要竞争，但绝不使阴招。中亿丰将核心价值观表述为"信为本，诚为基，德为源"，明明白白告诉利益相关者，中亿丰的第一品质是诚信，中亿丰参与市场的方式首先是合规，是遵守规则。

**四、和合共达精神**

按照和合学理论，和谐不仅指人与自然、人与社会以及人与他人的和谐，也是指人自身内心能够和谐融洽，不去强迫自己的内心或者违背意志去改变外部环境。

和合经营的本意就是求同存异、融突包容。对于企业家而言，和合共达精神就是一种正确处理好企业内外部各系统之间的关系，树立和衷共济、内求团结、外求发展、开拓创新、追求卓越的精神。只有内求团结，方可外求发展，如若企业系统自身运行都很难和谐，还何谈其外部发展。

企业是个命运共同体，在企业生态系统中，作为子系统的各部门、各岗位、各环节、各员工都置身于各种各样的共处之中，并在共处中开展各自的生产经营活动，其结局必然是一荣俱荣、一衰俱衰。但是，在企业系统的互动和合过程中，由于价值理念、宗教信仰、思维方式、风俗习惯、目标差异、利益分割等原因，势必会发生这样或那样的冲突和竞争。具有和合共达精神的企业家必须立足于企业系统的顶层设计，总体规划协调，确保企业系统的和谐运行和卓越发展。

任正非说："我们在吸引社会高端人才的同时，更要关注干部、专家的内生成长，不要看这个不顺眼，看那个不顺眼……我们要能接受有缺陷的完美。没有缺陷，是假的。"显然，这是一种典型的求同存异、美美与共、和合共处、和合共达、融突包容的命运共同体意识。在21世纪网络经济时代，任正非看到的是一片混沌之中的实相：共融与共享。除了共融与共享，没有人可以垄断。显然，没有和合的胸怀与和合的意识，共融与共享便无法开展。

### 五、和合兼爱精神

"和爱"原理是说人类在与自然、社会、他人相处的过程中，都要存有一颗仁爱之心。孔子的"泛爱众""己所不欲，勿施于人""己欲达而达人"，墨子的"兼相爱"，孟子的"老吾老以及人之老，幼吾幼以及人之幼"思想，中国知识分子"穷则独善其身，达则兼济天下"的精神，便是和合兼爱精神。流行于百姓口中的"将心比心""若要公道打过颠倒"的人生理念，即为和合兼爱精神。和生、和处、和立、和达意识的基础与核心就是"和爱"。

企业是社会的一分子，在谋求自身利益的同时，应该为增加社会福利做出贡献，并积极承担相应的社会责任。显而易见，企业与顾客、供应者、竞争者、政府、社区、所有者、员工等利益相关者的关系是客观存在的，这些关系的恶化，无疑对企业的存在是一种致命的威胁。

遵循"和爱"原理，企业家要注重"和爱"企业文化的建设和传播，爱自然、爱社会、爱顾客、爱员工、爱合作者，回报社会，反哺大众，树立起良好的富有爱心的企业形象。特别是不能"缺德坏心""损人利己"，更不能不择手段地损害社会利益、公众利益、环保利益、消费者利益和进行不正当竞争，那样最终会成为社会公敌，自取灭亡。企业在制定经营战略与策略时，不能只着眼于企业本身，还应系统地考虑问题，了解整个经营生态系统的健康状况，以及企业在这个经营生态系统中所扮演的角色。具有"和爱"精神的企业生态系统，不仅会使企业自身得利，还会使所有系统成员共同受益，实现共赢，从而形成企业生态系统各生态链上的良性循环，使企业得以持续健康发展。

例如，现代社会经济条件下，特别是社会主义市场经济体制下的企业经营活动，市场竞争的最终目的并非"致其他企业于死地而后快"，并非"唯我独尊而最优"。其最终目的必然是带动经济，促进共同富裕。必要时还要扶助弱势企业，支持兄弟企业，以求共同发展、共同进步。

在2019年中美贸易摩擦中，在这场包含地缘政治、商业和技术的多种形式的较量中，较为瞩目的要数被特朗普称为"对手"的世界巨头华为创始人任正非先生。无疑，任正非先生在此事件期间，所言所行体现出来的是一种企业家和商精神。任正非认为，只有妥协，才能实现"双赢"和"多赢"，否则必然两败俱伤。由于妥协能够消除冲突，拒绝妥协，必然是对抗的前奏。所以，组织管理者要领悟妥协的艺术，学会宽容与让步，才能在正确的道路上走得更远，走得更扎实。但任正非所说的妥协，其真正用意并非消极退缩或退让，而是一种富有智慧的和合哲学。

任正非说，如果想了解华为，就请看我们的心声社区。在心声社区，即使骂公司的帖子也不会被封，反而人力资源部要去看看他骂得怎么样……总说我们好的人，反而是麻痹我们，因为没有内容。如果没有自我批判精神，我们就不可能活到今天。为了生存与发展，1997—2017年间，华为不惜斥巨资与IBM公司合作，在IBM及顶尖咨询机构普华永道的协助下，建立了"最美国"的流程化管理。任正非认为，这一阶段，要穿美国鞋，如果不合脚，有时需要"削足适履"。这其实就是一种极具远见与智慧的和商精神。

任正非在其《管理的灰度》一文中提到，一个领导人重要的素质是方向、节奏，他的水平就是合适的灰度。坚定不移的正确方向来自灰度、妥协与宽容。一个清晰的方向，是在混沌中产生的，是从灰度中脱颖而出的，方向是随时间与空间而变的，它常常又会变得不清晰。并不是非黑即白、非此即彼。合理地掌握合适的灰度，可使各种影响发展的要素在一段时间内达到和谐。这种和谐的过程叫妥协，这种和谐的结果叫灰度。在你面对问题的时候，永远不要忘了"妥协"这两个字。妥协是坚持原则基础上的变通，是调和矛盾、打破僵局。有时候，妥协本就是解决问题的一部分。可见，任正非的管理思维是一种妥协的智慧，这种精神换个词来表达，就是美美与共的和合意识，就是求同存异的和合思维，就是和而不同的信仰，就是一种利用一切可以利用的力量、团结一切可以团结的力量发展企业的锲而不舍的妥协包容的精神。

美的集团创始人何享健说："如果有一天美的出现了危机，绝对不会是竞争对手把我们打垮了。其中一个真正的原因是美的在战略上出现了重大的失误。"这无疑是企业家正确看待竞争对手并直面竞争的正确理念。

宗庆后认为，"企业家应该把金钱看得淡一些，把社会责任看得重一些。人的生命总是有限的，金钱生不带来、死不带走，现在掌握的财富最终都是全社会的；我爱好民众化品牌，以为应当制作消费者感到物廉价美的产品。假如产品价钱很高，但只能少数人消费，也不能算什么名牌；慈善不仅仅是简单的现金捐赠，而更应该在一些困难的地方做投资，带动就业，上缴税收，带动当地经济的成长，促进当地人观念的转变。不是'输血式'而是'造血式'扶贫……"宗庆后的这些言论所反映的便是，企业家将自己置身于社会大系统之中，置身于历史长河之中的豁达博爱胸怀。

# 第十一章
# 晋商和合管理智慧[1]

---

[1] 山西省哲学社会科学课题"晋商和合管理智慧及其现代应用",课题编号为2020YI215。

晋商文化、晋商精神是企业经营管理可资借鉴的宝贵财富。晋商文化中蕴藏着丰富多样的和合思想，深入挖掘晋商文化中的和合管理智慧和晋商和商精神的时代价值，探索晋商和商精神与现代企业文化相结合的路径，并落实应用到企业转型发展的经营实践中，为企业在市场竞争中长盛不衰提供强有力的智力和方略支撑，意义深远。

## 第一节　晋商文化中丰富多样的和合思想

就和合文化对晋商文化的影响而言，和合思想备受广大晋商信仰、遵从与践行。从敬奉和合二仙到民居装饰，从匾额内容到厅堂命名，从为人处事到商号运营，其中蕴含的和合文化元素都十分丰富。

### 一、晋商经营哲学中突出的和合思想

明末清初盛极一时的晋商，对和合之道感悟深刻，对和合文化也倍加推崇。例如，祁县乔家宅院主人乔致庸，将其宅第正堂命名为"在中堂"，将儒教"中庸"之说巧妙地嵌入其中。乔家宅院百寿照壁的两旁，有晚清重臣左宗棠所题的一副砖雕对联："损人欲以复天理，蓄道德而能文章"，横额为"履和"，"和"为中庸之道的核心，"履"就是施行、实践，此联意在标榜乔家尊奉并施行、实践儒家"克己复礼""礼之用，和为贵"的和合思想，注重个人修养，提倡道德文章的社会功用。再如，"中道"意即遇事合于中庸之道。皇城相府当年被称为"中道庄"，陈廷敬的祖父陈昌言被称为"中道庄主"，院庄主人宣扬、倡导，甚或提示警诫自己及家人行为举止必行中庸之道，言论行为力求保持适度和得体。榆次车辋村常家庄园九世常万达，曾将其院落命名为"世和堂"，而他为子孙后代修建的并排十座二进院，也分别取名为"谦和堂""体和堂""雍和堂"等。

除厅堂匾额多选和合思想题材外，还有不少商号直接以和合命名。康熙年间，山西代州城内大南街有和合义，代州人落户包头博托河，也建有和合堂等商号。清代，山西商人在张家口也开有和合兴、和合稳、和合公、和合德等商号。道光年间，农民李善勤、张德仁二人合伙在河北井陉创建食品店，取"和气生财，合作必能成功之意"，立商号"双合成"。

## 二、晋商生活愿景中强烈的和合追求

在山西晋商大院群落里，精心构思、匠心独运的雕梁画栋中蕴含了丰富多彩的文化元素，体现了中国传统的道德文化和审美情趣。石雕、砖雕、木雕、刺绣、绘画、剪纸、器物等艺术作品，都承载了丰富的中国传统文化。在砖雕石刻中，最常见的是以砖、石、瓦材料，以意、形、音的方式，或明示或暗寓吉祥和人生哲理的愿景追求。双狮护（当地方言"护"音同"福"）门、五福捧寿、喜上梅（眉）梢、麒麟送子、五子登科、岁寒三友、一琴二白（取材琴与白菜，寓指一清二白）、猫蝶（耄耋之谐音）闹春、五福（蝙蝠；寿、富、康宁、攸好德、考终命）临门、三星（福、禄、寿）高照、渔樵耕读等，都承载着居室主人的情趣与价值追求。

和合二仙的雕刻，在晋商大院的石雕、砖雕、木雕中也屡见不鲜。尊迎敬奉"万回"之神，将和合二仙雕刻于门庭，这对当时常年经商在外的山西商人而言有着特殊的寓意，极好地契合了晋商的愿景与祈愿。

祁县渠家大院的各种雕刻饰物，将数字一至九巧妙地融入各种雕刻之中，诸如一蔓千枝（多子多福）、和合二仙、三星高照、四狮护栏（事事如意）、五福捧寿、鹿鹤同春、七巧回文、八仙过海、八骏九狮，将大院装点得情趣盎然、祥瑞喜庆。山西大院的八仙雕刻通常采用的是暗八仙手法，将民间传说的八仙所执宝葫芦、铁拐杖之类的神器嵌入长栏砖雕、门饰，祈求八位仙人暗中保佑。

乔家大院的木雕作品中也有天官赐福、日升月垣、麒麟送子、招财进宝、福禄寿三星及和合二仙等题材。

以鹿鹤为主题的六合文化在山西宅院雕刻中也非常多见。鹿鹤，即六合之谐音，六合含义深广，或指东西南北天地，也指一年十二月或十二时辰的交替变化，民间有"六合通，万事成"的俗语。灵石王家高家崖的"寅宾"府门，门洞大踏石上镶嵌着精美的汉白玉石雕图《鹿鹤同春》，隐喻"六合通顺""六六大顺"。祁县渠家大院一处砖雕照壁，也雕有鹿、鹤、梧桐、松树四样，谐音为六合通顺。乔家大院照壁上也雕刻有梧桐和松树，六对鹿双双合在一起，寓意"六合通顺"。

晋商大院有"歪门邪道""拐弯抹角"等独特的建筑设计，其用意有因地就势和谐一体，宽容谦让与人方便，低调回避利于风水等考虑，其中蕴含的建筑设计理念，本质上也是和合哲学的体现。

## 第二节　晋商文化中卓越的和合管理智慧

纵观晋商源起、兴盛的经营历史，晋商的经营管理实践中蕴含着显著的和合管理智慧。明代山西蒲州商人王文显说："善商者，处财货之场，而修高明之行。"[1]这里说的高明，理应是指智慧。具体体现为，晋商有着和合性极强的商业精神，有着和合性极高的经营生态，有着和合性极显著的制度安排，有着和合性极深入的运营机制，有着和合性极有效的商人组织形式。

### 一、晋商和合共生的商业精神

晋商文化是中华优秀传统文化的重要组成部分，晋商精神是山西重要的文化资源，习近平总书记视察山西时多次提到要注重挖掘晋商文化、弘扬晋商精神。2017年6月，习近平总书记视察山西时指出：山西自古就有重商文化传统，形成了诚实守信、开拓进取、和衷共济、务

---

[1] 引自李梦阳《空同集·明故王文显墓志铭》。

实经营、经世济民的晋商精神；历史上山西是"一带一路"大商圈的重要组成部分，晋商纵横欧亚九千里，称雄商界五百年，彰显的就是开放精神，要求山西弘扬晋商的开放精神，努力打造内陆地区对外开放新高地。2020年5月，习近平总书记视察山西时再次强调：历史上山西人不畏艰辛"走西口"，打通了中原腹地与蒙古草原的经济和文化通道，出现了纵横欧亚九千里、称雄商界五百年的晋商，创造了山西票号掌全国金融命脉的传奇。要继承晋商精神，融入共建"一带一路"，健全对外开放体制机制，构建内陆对外开放新高地。

和合是中国人的价值追求和行为方式。晋商受其浸淫，在商号运营中推崇和合共生的经营哲学。晋商推崇的和合共生，是同行间的相互合作，危难时刻的彼此扶助。和合关系的建立体现在老板与掌柜、伙计之间，商号与顾客、政府、竞争者、合作伙伴之间。例如，流传于世的清代晋商《贸易须知辑要》明确要求："生意人无大小，上至王侯，下至乞丐，都要圆活、谦恭、平和"；商号内部，"掌柜、大伙计不可自抬身价、目中无人，对下属即使有不妥之处，亦以理而剖之，则上下欢心，无不服你"；平遥蔚丰厚票号经理李宏龄著有《同舟忠告》一书，在此书中李宏龄明确要求"区区商号如一叶扁舟，沉浮于惊涛骇浪之中，稍有不慎倾覆随之……必须同心以共济"。

物竞天择、适者生存、优胜劣汰、天无绝人之路，人是被逼出来的。明清之际，艰难恶劣的自然生存环境造就了山西人勤奋勇进、吃苦耐劳与坚忍不拔的精神品格，激发了晋人背井离乡谋生计的勇气，也成就了雄踞徽商、浙商、粤商等十大商帮之首，辉煌几百年的晋商。《太谷县志》卷三有证："阳邑（太谷）民多而田少，竭丰年之谷，不足供两月。故耕种之外，咸善谋生，跋涉数千里率以为常。土俗殷富，实由此焉"。由晋商主导的万里茶道，南自闽北武夷山起，北至恰克图，翻山越岭、闯沙漠、过草原，船队、车队、马帮、驼队辗转更换，绵延五千多公里，万里茶道之遥远与艰辛难以想象，其辉煌成就之后无不映射出晋商困境求存、奋力图强的和生精神。

### 二、晋商和合共达的管理体制

1. 晋商兼顾各方利益的管理体制

《礼记·中庸》认为"中也者，天下之大本也"。孔子认为凡事叩其两端而中便是正道。"用中"就是要均衡"两端"的矛盾，兼顾各方的不同利益，以和合共赢的理念来化解不同利益主体目标的差异与利益的冲突。晋商能够"执两用中"，辩证地看待矛盾的对立面，面对不同利益主体之间的冲突，创造性地形成兼顾各方利益的组织管理体制。

明清晋商建立的学徒制、身股制、掌柜负责制、联号制等经营管理制度，做到了分工明确，权责明晰，约束有力，激励有效，直至今天都有极强的现实意义。例如，明清晋商率先采用联号制和股份制，有效地实现了资本所有权与经营权的分离，总结出一套有效实现两权分离的经理（掌柜）负责制。根据遗存史料，晋商商号普遍采用这种两权分立的治理结构，这一治理体制最大的特点就是权责利划分明确，便于有效处理好财东、掌柜、伙计和学徒等之间的关系。

"执中行权"是和合管理的重要保证，管理者既要有权变的意识与胆略，也要有"行权"的艺术。在正式聘用经理之前，财东要对其进行严格考察，一旦选中，便以重礼招聘，委以全权，并始终恪守用人不疑、疑人不用之道。由于财东对经理充分信任，故而经理经营业务也十分卖力。财东并不干预商号日常的经营管理活动，逢到账期，经理向财东汇报商号盈亏业绩，如业务大有起色，财东则给予加股、加薪奖励，如不称职则减股、减薪，甚至辞退不用。这一制度较好地处理了资本所有者与经营者之间的和合关系，财东既不干涉商号日常经营活动，给掌柜以至上的自主权，使掌柜拥有充分的决策与运营自主权，同时也根据业绩优劣及时予以奖惩。

"中"是手段、"和"是目的，晋商和合管理的结果是"皆大欢喜"的和合共赢。"致和"既是拟定组织目标的原则，也是衡量组织管理有效性的标准。无论是"朋合营利"，还是合伙经营或者股份制，晋商创造性地发明了劳资并重、资本股与人力股共同参与分配的经营模式，实施了长短期相结合的激励机制，使员工个人目标利益与商号发展紧密联系。这对于建设现代企业文化和完善现代企业制度具有积极的借鉴意义，现代企业在实现企业利润的同时应最大限度地实现股东与员工的利益，同时还要承担相应的社会责任，实现企业、股东、员工与社会的协同发展。

2. 晋商重情重义的人本管理智慧

对于企业家而言，和合智慧就是一种正确处理好企业内部各系统之间的关系，树立和衷共济、内求团结、外求发展、开拓创新、追求卓越的精神的智慧。"仁者，人也"，"仁"是儒家文化的核心，晋商在经营过程中，始终把做人放在第一位，把做人与做事有机统一起来，为人宽厚仁慈，力戒为富不仁。例如，大盛魁在蒙古做生意时，想方设法满足牧民要求，不仅深入帐篷、送货上门，而且要求员工懂蒙语、会针灸，并针对牧民牲畜多、银钱少的实际，发展春季赊货，秋后用羊算账等灵活的经营方式。

### 三、晋商和合共处的生存智慧

晋商在个人修身、与人相处、商业经营等各个方面都秉持和合精神。例如，晋商在处理人际关系上，体现出与人为善、仁厚待人、和合与共的处世哲学；在商业运营上，做生意很少打官司，讲求"和为贵""和气生财"。

1. 六缘和合的集群运营智慧

作为中国明清十大商帮之首的晋商，其和合运营生态系统以利缘、地缘、神缘、业缘、物缘、亲缘六缘文化为无形的凝聚纽带，以商会和会馆为有形具体的交流聚会、商谈议事的场所，形成共同的价值理念和文化氛围，一方面营造了帮内和谐共事的氛围，另一方面创造了与帮外同行和谐相交的环境，既结成了"同心以共济"的运营生态，又实现了"朋合营利"的目的。

第一，形成利缘性商人群体。晋商最初往往通过"朋合营利"、合伙经营或股份制的形式，形成较为紧密的利缘性商人群体。"朋合营利"或合伙经营的比较高级的形式，则是有钱的出钱，有力的出力，以入银股或身股的形式形成经营实体。

第二，形成地缘性商帮。晋商形成了一个地方性商帮，就是以地缘、血缘等关系为纽带形成的松散的商人群体。在山西内部则又按地区形成不同的商帮，如清代票号兴起，形成平遥、祁县、太谷三大票号帮。晋商为了巩固已经获得的市场和实现对某些行业的垄断，先后在国内各主要城市还建立了团结同乡商人的会馆。

第三，形成亲缘性商人群体。晋商各商号商人之间常常有儿女亲家关系、师徒关系、义兄弟关系等亲缘关系，这无疑是商号间建立稳定合作关系的一种战略性考虑。但在商号内部，为了便于管理，晋商却有不准用"三爷"（商号负责人的少爷、姑爷和舅爷）的规定。

第四，形成业缘性群体组织。联号制就是由一个大商号统管一些小商号，类似于连锁经营形式，从而在商业经营活动中发挥企业的群体作用。晋商则以联号制的形式形成业缘性群体组织。

第五，形成产业链商人群体（也称物缘性群体组织）。如养蚕植桑带动缫丝织绸，棉花种植带动纺线织布，丝绸棉布的生产又带动蓝靛的种植与运销，商业的发达带动钱庄、票号、镖局、当铺的发展，省内经销商发展到省际经商，省际经商又发展到供给与销售都脱离本省的全国经营，甚至国际贸易。例如山西省内既不产茶，对茶的需求也不大，但茶商却是晋商大军中的一支劲旅。

2. 慎待相与的和合管理智慧

中国传统的和合文化不仅是一种生存哲学，也是一种处世方法体系。和合经营的本意就是求同存异、融突包容。按照和合学理论，和合是一种"和而不同"的"道并行而不相悖"的精神。"独木难成林，独店难成市"，企业若想实现健康长远的发展，必须与供应商、合作者、中间商、顾客、营销公众，甚至竞争者形成一个分工协作、相互依存、既竞争博弈又协同发展的命运共同体。

繁盛于明末清初的晋商，面对有业务往来的合作伙伴，坚守慎待相与的理念，一般不随便建立相与关系，一旦建立起来，则同舟共济、兴衰与共。祁县乔家的复字号下属商号，一旦停业时，则要把欠外的全部归还，外欠的则能收多少收多少。这一做法奠定了乔家复字号在同业中的地位，许多商号都以与复字号建立业务关系为荣。

总之，明清之际，晋商队伍发展壮大并打造了"晋商"这个驰名海内外的区域性品牌，一个重要的原因就在于形成了一个成龙配套、相互协作、合作竞争、良性运行的和合运营生态系统。

## 四、晋商和合共立的行为规范

"仁、义、礼、智、信"是传统儒家文化中规范人行为的重要准则，其贯穿于晋商文化兴起与发展的始终，也体现在晋商经营活动的各方面。晋商将儒家的"礼"贯彻在日常的礼仪礼节、行为规范与制度规矩等各个方面。

在几百年的发展历史中，晋商建立了严明的商铺店号规矩，对东家、掌柜、伙计、学徒等的行为有着细致明确的规范。在晋商文化发展过程中，遵循着辈分等级有序的礼节规范。例如，礼制思想影响下的晋商庭院设计，一般都会有一条中轴线，厅堂、尊长的住房等均排列在主轴线上，而附属房屋则位居次轴，对外的房间与下房则放在前面，社交与日常生活起居用房分置前后，主院与侧院的排列、布设也十分讲究，不可以逾越等级规矩，都需要严格遵循等级顺序。

不仅如此，晋商会馆还发挥着创立行规、订立行业标准、维护行业利益、规范行业秩序的作用。例如，道光年间，平遥颜料会馆公立标准行秤四杆，规范了整个京城颜料市场。

### 五、晋商和合兼爱的社会担当

墨子的兼爱思想认为：爱不分区域大小，都应具有天下胸怀，并且人们之间应做到"投我以桃，报之以李"的互动，互利之爱是"兼爱"中不可缺失的一部分。[1] 社会责任意识就是这种兼爱思想的体现。社会责任是作为社会一分子的社会主体所应承担的对社会的担当与任务。晋商能取得商业经营的巨大成功，具有较强的社会责任感也是重要条件之一。早在明清时期，晋商就已经在经营实践中表现出了较显著的作为社会成员应担当的社会责任。在晋商的发展历程中，涌现出众多与国家命运与共、舍利取义回报社会的具有强烈社会责任感的商人。

---

[1] 陈倩.人类命运共同体视域下墨子兼爱思想研究[D].哈尔滨：黑龙江大学，2020.

1. 晋商爱国济民的社会贡献

在战争、灾荒频乱的年代，晋商能为国家社会主动贡献自己的一份力量，是其承担社会责任突出的表现。乾隆二十四年，山西盐商和丝绸商等先后捐助白银近20万两用于伊犁屯田，在清政府内忧外患、国库空虚时，晋商也能不断为政府垫付银两开支，以应困局。再如，雍正十五年，青海叛乱，朝廷调集九省大军平定，但因补给线过长，军粮供应发生困难，山西一个叫范毓宾的商人毁家纾难、主动请命，几乎变卖了所有家产，凑足144万两白银，买粮补运。再如，清末众多晋商积极参加山西人民争回矿权的运动。祁县富商渠本翘及各票号纷纷解囊捐资，集资150万两白银，从英商手中赎回了山西煤矿开采权。1919年，山西商界先后成立了"山西商人自强会""太原商界抗日救国会""山西商界抗日救国会"，掀起抵制洋货运动，倡导使用国货。

同治十三年，陕甘总督左季高决计发兵征讨平息新疆之乱，粮草不足，向山西商人乔致庸筹借，人们大都担心朝廷赖账，乔致庸毅然接下了为朝廷筹措粮草的重任，亲自运送粮草同大帅出征。

嘉庆初中期，我国一些内地省份陆续出现粮荒，晋商急国家所难，远赴俄罗斯购买粮食输入内地，既为国库增创税银收入，又及时地解决了人民的粮食问题。

2. 晋商兼济大众的爱心善行

穷则独善其身，达则兼济天下。晋商秉持儒家经邦济民的思想，在市场日渐扩大，业绩不断增长，事业不断发展的同时，乐善好施，回报社会，在地方公共事务中也发挥着积极的作用，为乡里铺路修桥、投资义学、赈济灾民、扶贫济弱、造福乡里、周济邻里、关心孤老、买药治疫、建堤设渡、筹建义仓、修建书院、资助刊印书文等义举不胜枚举。

例如，祁县乔家大院历代主人皆乐善好施，热心公益事业。根据

《祁县志》记载：光绪三年，山西大旱，寸草不生，赤地千里，饿死百姓近百万，乔致庸在祁县出巨资赈灾，设立粥棚以救济灾民。乔致庸之子乔景俨执掌乔家产业时，在祁县慷慨捐资兴修水利，资助祁县中学堂，经常向穷苦乡邻施舍医药。

晋商会馆遍布各地，其功能主要有"报神恩、结乡情、崇义举"三个方面。报神恩，即祭祖。结乡情，即联络乡谊感情。晋商分布于全国各地，异地他乡人生地陌，常有思亲怀旧之情。几乎所有晋商会馆里都建有戏楼，晋商共聚于会馆，吃点家乡饭，喝点家乡酒，听听家乡曲，乡情乡音乡曲乡韵，减少思乡之情，密切同乡关系。崇义举，即以办理善事为荣。晋商在外经商人数众多，当时交通落后，通信不便，有的晋商甚至终生异域、客死他乡。晋商会馆还为同乡购置冢地、扶危解难、济贫救困、开办义学、筹建同乡疗养院、发放旅费给无力回乡的亲友等，这些善举使晋商同乡感受到会馆的温暖。

例如光绪三年，北方大旱，靠牛马骆驼远涉国外开展国际贸易的榆次常氏，牛马骆驼在路途中因饿致死，生意一落千丈。但常家依然胸怀社会，慷慨捐资、捐粮赈灾，灾年过后还借种子给乡邻。为此，常家用心良苦，大兴土木修建院落。众乡邻只要来常家帮忙，即使是搬一块砖也可吃一顿饭。十里八乡的人们纷纷来常家"帮忙"。天旱三年，常家的院落也慢腾腾地建了整整三年，乡邻凭借着这份"工作"，度过了三年灾荒。常家体恤乡邻、扶危济贫却不愿担施舍之名，为此，巡抚曾国荃赠匾"好行其德"。

3.晋商投资公益的利众义举

道光十七年，因捐助榆次书院，知县赠匾榆次常氏"崇文尚义"；光绪三十三年，再次捐资榆次学堂，并将家藏《二十四史》《二十二子集》《昭明文选》《朱子全书》等书籍捐赠给县立凤鸣高等小学堂，山西巡抚赠匾"士诵清风"。晋商常家在咸丰至光绪年间，先后投资创办私塾 17 所。祁县渠本翘，还在家乡创办了山西第一所女子学校。介休富商冀氏曾捐银万两修贡院。1921 年，榆次富商宋继宗创办了山西省较早的"纺织实业学校"。清代山西有义学 385 所，在晋商活跃的河东地区就有 189 所。全省设立义学达 5 年以上的州县有 31 个，河东即有 17 个，超过半数。[1]可见当时晋商在兴资助学方面的贡献。

明清年间，公共设施建设一般是涉及人们日常生活的水利河堤、道路桥梁、庙宇宗祠等公共建筑。地方公共建设本属地方政府事务，但要支付巨额的建设费用，经常是各地方政府无力承担的，而晋商经济富庶，自然承担起这一重任，一方面造福百姓，另一方面也可留名后世。道光三十年至咸丰六年，平遥县筑城开渠，县城内各家商号均踊跃捐资，而且数目巨大。祁县乔家出资修永河渠，灌溉田地千余亩。祁县北梁村人李顺廷，曾出资四万银圆，从南山山麓填沟修渠，引水源入村，使丘陵旱地变为可灌溉水地，并惠及北团泊村。祁县孙家河富商孙淑伦在其村中挖掘了两眼百米深的水井，解决了村民的吃水问题。

### 4. 晋商乐善好施的慈行善举

持有仁爱之心谓之慈，广行济困之举为之善，慈善是仁德与善行的统一。晋南万荣县晋商李家，以土布起家，艰苦创业，终富甲一方，以慈善世家闻名于世。李家自起家到生意鼎盛百余年，三代十位当家人都能不吝家财，广做善事，善行善举伴随着李家兴盛的全过程。李家在多次赈灾活动中，赈灾救荒、施衣舍饭，使大量灾民渡过难关，承担了应有的社会责任，维护了社会稳定。

1928—1929 年，晋南连年大旱，入冬又逢奇寒，灾情严重。李氏

---

[1] 张捷夫. 山西历史札记 [M]. 太原：书海出版社，2001.

兄弟倾力赈灾。先后赈济河东十七县灾区每县银圆一千，给河东旱灾救济总会捐款银圆一万，还在原籍薛店村家庙、阎景村祖师庙、运城池神庙设粥棚舍饭。村民全部造册登记，自带碗筷，一日三餐不限量，吃饱为止。直至次年秋收后，灾情缓解，粥棚方才解散。河东各县纷纷请求政府表彰，阎锡山为李家颁发"博施济众"牌匾以做褒彰，同时又上书国民政府予以褒荣。时任万泉县县长亦颁发"乐善好施"牌匾进行奖励。

万荣万泉书院坍塌，晋商李敬修带头捐助五百金。县官为他竖起功德碑，并赠予"急公好义"匾额，上司奎中垂、刘学使也赠了"乐善好义"以示表彰。李敬修又出资在本村修建一所学堂，使寒家子弟全部得以上学读书。亲戚朋友中因贫穷而无法读书的，李敬修也慷慨解囊，资助他们上学。各村修庙施银更是举不胜举，在方圆数百里享有"善人"之称。

李氏家族女辈也多仁爱慈善。李敬修之妻王氏，在其丈夫李敬修去世后，跟随儿子李道行居住太原，遇到残疾孤独者无不量情抚恤，凡贫而无力丧葬婚嫁者都会给予资助救济，从天津、北京购回各种丸散膏药施舍济世，即使上门施行手术，也从不收取分文。

## 第三节　和合管理体制的成功范例——晋商人力资源会计实践

市场经济条件下，劳动关系管理，特别是劳资关系处理，一直是企业管理的重要内容之一。随着社会经济的发展，特别是在知识经济、网络经济或智能经济环境下，劳资关系变得越来越复杂、矛盾越来越突出。例如，新冠疫情肆虐三年之久，不少企业受疫情影响难以正常运营，企业难有盈利，具体到员工工资如何发放，有的企业拿出企业利润积累，慷慨地正常发放工资，以求与员工共度灾荒；有的企业则采取裁员和缩减工资的办法，降低损失渡过难关；有的企业则干脆停发工资，甚至解散员工。构建企业生产经营体系并非一朝一夕之事，企业组织与企业文化建设也难一蹴而就。为此，在劳资关系管理中，如何通过体系化的制度设计，使劳资双方构建互利互惠、相互依存的共赢关系，形成利益相关的命运共同体，而非你多我少、你死我活的恶性博弈关系，是劳资关系管理需要考虑的问题。人力资源会计便是国内外企业管理研究者与企业管理实践者提出的一套具有深远意义和实践应用价值的劳资关系管理手段。

人力资源会计是20世纪60年代产生于美国的一个会计学分支，也称人力资产会计或人力资本会计。迄今为止，人力资源会计还远未形成一套公认的、可以在实践中运用的理论和方法。美国会计学会人力资源会计委员会认为：人力资源会计是鉴别和计量人力资源数据的一种会计、程序和方法。其目标是将企业人力资源变化的信息提供给企业和外界有关人士使用。我国的人力资源会计研究始于20世纪80年代后期，我国学者阎达五和徐国君在《会计研究》1996年第11期发表了题为《关于人力资源会计的框架——以劳动者权益为中心》的学术论文，从会计学的角度提出了以劳动者权益为中心建立人力资源会计框架的设想。阎达五教授认为："劳动者权益是劳动者作为人力资源的所有者而享有的相应权益，它包括两部分：一是人力资本；二是新产出价值中属于劳动者的部分。"他提出了人力资产以及劳动者权益等概念，并引入会计等式：

物力资产＋人力资产＋人力资源投资＝负债＋（物力）所有者权益＋劳动者权益

笔者曾与太原大学周占文教授承担山西省会计学会"人力资源会计研究"科研课题，基本上赞成这一观点。其实，现代学者所倡导的人力资源会计思想，早在我国明清时代就被当时"享誉中外""汇通天下"的晋商有效运用且成效显著。尽管他们运用的会计核算方法和体系与现在的核算方法和体系相差甚远，不可同日而语。这些思想较集中地体现在晋商的顶身股制度与实践中，并且在晋商群体中运用范围极广，核算制度虽初成体系，但人力资源会计管理职能发挥极其充分，提高经济效益的作用也极其明显。

晋商顶身股制度设计与实践所体现的管理理念，无疑就是求同存异、融突共赢的和合管理智慧。我国明清之际，晋商以顶身股制度为核心的人力资源会计思想与实践，所蕴含的和合管理智慧主要体现在以下几个方面。

### 一、率先实行身股参与利润分配的政策

晋商较早认识到人力资本在实现剩余价值过程中的重要作用，率先实行身股与银股同样分配利润的分配政策。所谓顶身股，简言之，就是只出力不出钱，以人力顶身股与资本股同样分红，身股与银股并重，使物力资本所有者财东与人力资本所有者员工的利益有机结合，从而取得了良好的经营业绩。在晋商的管理实践中，出钱而不经理商号事务者为银股，出力而不出钱者为身股，但与银股一样，身股也有分红的权利。尽管在经济学界人力资本的概念很早就被古典经济学家亚当·斯密提出，以后也被很多经济学家所确认，但传统会计观念迄今为止只承认物

力资本，而不承认人力资本。会计人员在会计账簿和会计报表中所记录和反映的，也仅是物力资本的内容，不反映人力资本的内容。而在晋商的顶身股制度实践中，却已从观念到实践，视人力的投入为人力资本，人力资本与物力资本一样参与利润分配，身股总数最多时超过银股总数，一半多的利润分给了顶身股的员工。例如，1908年大德通票号在4年账期共盈利白银743545两，扣除酒席银665两，用于分红的742880两，银股与身股共43.95股，每股按17000两分红。银股20股，分得340000两；身股23.95股，共分得402880两，内有顶身股不足4年的，每股只分8460两、8600两或12700两，身股分红比银股甚至多18.5%。

**二、率先构建人力资本核算体制**

晋商较早在会计核算与管理中进行人力资本相关内容的核算，并且有着较为完善的运作制度与操作体系。

晋商管理实践中，劳动者以人力投入企业的方式一般有两种渠道：一种是物力资本所有者财东在出资开设商号时，对其聘请的掌柜事先言明顶身股若干，并以协议的形式规定下来，一般为每人一股十厘，偶尔也有一股二三厘的（十二厘或十三厘）；另外一种是普通职工进号，工人在十年以上没有过失，由经理向股东推荐，经众股东认可，即将其姓名登记于"万金账"，写明从何时起顶身股若干，即算顶了身股。这里的"万金账"从性质上而言，就是最早的人力资源会计账簿。"万金账"主要用来记载财东姓名、资金数额、顶身股人员的身股数额等内容。以大德通票号为例，除"万金账"外，还有"进号账"登记工作人员进号日期等信息，"起程账"登记工作人员供职与休假时日等信息，"衣资账"登记工作人员应得衣资数，"职工支使账"记载薪资人员收支往来等信息，"应支账"登记顶身股人员借支款额等。虽然明清晋商会计核算采用的是旧式簿记方法，但组织完备，登记详密，为商号提供了详细而全面的人力资源管理信息。

### 三、率先进行人力资产价值计量

晋商在人力资本或人力资产价值的计量与核算方面也有了较为成熟的制度，对人力资源价值的可变性、会计分期等都有了一定的认识。

银股是开设商号时财东垫资的用于增值的货币资本。商号不同，银股每股金额也不等，有2000两的，有5000两的，也有11000两的。一般身股只顶一二厘，最多不超过一股，根据这些资料就可以间接地计算出每一顶股员工人力资产的价值，也反映了晋商对人力资产价值货币计算方面的认识与大胆实践。

在晋商的人力资源会计实践中，计量与核算人力资本价值的主要依据是工作年限、工作能力和工作业绩。顶身股制度中，并非所有的员工都可以顶身入股，只有达到一定的工作年限和工作业绩才能顶身入股，按股参与企业的利润分配。一般来说，一般员工只有在入门三次账期约十年以上，并且工作勤恳没有过失，有掌柜向财东推荐，经各股东认可后才能顶身入股。

人员等级不同所顶股数也不同，如大掌柜一般可以顶到一股十厘，二掌柜协理、三掌柜襄理可顶七八厘不等。一般职员可以顶三四厘或者一二厘，也有一厘以下的。例如，大圣魁商号，顶一二厘生意者，可管点杂事、接待客商等；顶三四厘生意者，可在柜上应酬买卖，但大事上不能做主；顶五厘生意者，已有一定的做买卖经验，货色一看就懂，行情一看就明，生意能否成交，也敢一语定夺；顶七八厘生意者，已是商号的里外"一把手"，或来往于总号或者分庄之间盘点货物、核算盈亏，或奔波于天南海北，拍板大宗交易；顶九厘生意者，不管日常营业，专门决断重大疑难业务。可见，晋商在确定员工可以顶股数额时是有一定的科学依据的，主要是根据员工的人力资源质量，即工作能力的高低确定的。

员工所顶股份随着人力资产价值的增值而增加。例如，每逢一次账期（一般为三年），还可增加一二厘，增至一股为限。所谓账期，即分红期，光绪年以前一般五年为一个账期，以后是四年一个账期，也有三年一个账期的。这里的账期便是现代人力资源会计理论所说的会计分期假设。

晋商将顶身资格限定为入号十年以上，将增股账期确定为三年或者四年，反映了晋商对人力资产价值的可增值性或变动性已有一定的认识。当然，晋商管理实践中，员工能否顶身入股，以及能顶多少股份，大掌柜主观因素所起的作用也是较大的，还缺乏一套有效的科学的计量人力资产价值的方法与手段。

### 四、率先实现人力资产货币化反映

晋商的人力资源会计实践已经能够基本反映商号人力资本与物力资本的占有状况。通过定期核算，各商号基本可以掌握身股与银股的数量与比例。通常，在商号初创时期，财东出资创立商号，设立银股的同时就设立身股。但此时，身股主要为大掌柜等企业少数高层员工所设。随着商号规模的逐步扩大，顶身股的员工人数越来越多。每一位员工所顶的身股股数也越来越多。身股与银股的比例逐步达到 2:8、3:7 或 4:6 等。到 20 世纪初，各票号的身股数普遍超过了银股数。

例如，1889 年，大德通票号银股数为 20 股，身股数为 9.7 股。到 1908 年，银股仍为 20 股，身股却增至 23.95 股，几乎达到了 20 年前的 2.5 倍。1889 年有顶身股的为 23 人，顶身股 9.7 股；相隔 20 年，1908 年有顶身股的为 57 人，顶身股 23.95 股，分别比 1889 年增长 1.5 倍和

1.46倍。同时，通过资料可以看出，1889年顶身股员工平均每人顶股0.4217股，即四厘稍多一些，而到1908年，顶身股员工平均每人顶股0.4202股，这说明商号顶身股员工平均人力资产价值略有降低，但基本保持稳定。这能够反映出大德通票号20年内，人力资本价值数量与质量协调增长，顶身股制度基本保持稳定的信息。这无疑是商号人力资产数量与质量通过人力资本股数变化所表现出的货币反映。

**五、率先核算人力资源成本与费用**

薪金是晋商基本的工资形式，它保证了一般员工的生存发展，是晋商在处理人力资源成本与费用，即保障员工基本生活必需开支方面实施的一种补偿制度。使得每个员工均可按其工作年限和业绩领取酬劳，没有顶身入股的伙友和已经顶身入股的伙友都各有所得，较好地处理了人力资本与人力资源成本费用之间的关系。

顶身入股的伙友一般只占商号全体伙友的1/3左右，没有顶身入股的伙友，则按年领取薪金。大致是最初年薪一二十两，以后按成绩优劣逐年增加。有十余年资历者可达80~100两，这时就有资格参加顶身入股了。顶身入股后，则不但可以按年领取薪金，还能每账期领取一次红利。根据协成乾票号1906年一个伙友的统计：全号共有伙友112人，有薪金的96人，占85.72%，没有薪金的16人，占14.28%；在有薪金的96人中，薪金在70两以上者35人，占36.4%；有顶身股的32人，占有薪金伙友的33.3%。

可见，早在19世纪初，晋商已经有了丰富的人力资源会计思想与实践。具体表现在：视人力资源是企业的一项会计资产、生产经营过程中人力的投入是产生剩余价值的必要条件等，并且在人力资源价值的核算与计量、账户的设置等方面都有了有益的探索与尝试。

## 第五节　和合管理视角下晋商兴衰的原因

晋商是我国明清时期国内最活跃、势力最大的商帮，其富可敌国的资本积累，无所不包的经营范围，遍及国内、远涉多国的市场区域，长达 500 余年的活跃周期，在世界商业史上是罕见的。从和合管理的视角解析晋商兴衰的原因，对如何重振晋商雄风、再创晋商辉煌，打造"新晋商"品牌，无论是对于政府宏观调控政策的制定，还是对于企业微观经营战略的规划，都具有极大的现实意义。从和合管理视角来看，明清晋商兴衰的原因主要有：运营环境与生态定位的关系，区域生态定位与集群发展之间的关系，基因遗传与扬弃创新之间的关系，生态寿命与组织进化间的关系四个方面。要传承明清晋商文化优秀传统，激发 21 世纪新晋商雄风，必须处理好这四个关系，解决好这四个问题。

### 一、晋商兴起的原因

晋商兴起的原因是：天人和合，生态适位。生态位（niche）是物种在生物群落中独特的地位、作用或者生存方式。适者生存，一切生物都生活在自己的生态位上，如虎踞山林、鱼游江湖、鸟翔高空、蛇伏土穴，虎吃肉、羊吃草、蛙吃虫，狮子白天出来寻食，老虎傍晚出来觅食，狼则深夜出来猎食等。如果物种生态位错位，就会出现虎落平川遭犬欺、凤凰落架不如鸡的现象，如果物种生态位重叠，就会出现大鱼吃小鱼的现象。强者只能在自己的生态位上是强者，弱者也只能在自己的生态位上才能自由生存。生态位现象不仅适用于生物界，同样适用于企业。山西商人成为国内一支声名显赫的"商人群体"，始自明代、胜于清代，称雄商界五百余年，必然有其独特的、很难为他人所替代的生态位。

企业的生态位，其实就是企业利用环境机会、避免环境威胁、发挥优势、克服劣势而实现内部条件、外部环境与经营目标之间动态平衡的一种生存方式。晋商的兴起归根结底正是获得了这种"适者生存"的生态位，才得以乘风而起、快速发展。

从天时的角度分析，晋商在明代大规模兴起的原因在于：生产力发展水平提高后，各地区出现足够多的剩余产品并随之产生较大规模的交换需求，客观上需要大批商人运销本地产品到外省（如铁制品、潞绸），贩卖外地产品到本省（毛皮、牛马等），或者脱离本省异地返销产品（如茶叶）。

从地利的角度考虑，张正明先生编著的《晋商兴衰史》、黄鉴晖先生编著的《明清山西商人研究》等文献资料中都对此有较为全面的分析。归纳起来，主要有以下三方面的因素。

第一，山西盛产盐、铁两种特殊的资源，这对大批山西人重商、从商具有极大的启发作用，同时也为晋商的兴起、晋商资本的原始积累奠定了得天独厚的基础。山西河东一带产盐，在明代随着生产技术的提高，盐产量大大增加，并且河东盐也逐步从官府垄断经营，发展到允许商人参与生产运销，河东盐商在国内的地位逐步显赫，晋商群体由此开始崛起。同时，明政府为北方边镇筹集军饷而推行开中制，也为身在富盐地区的山西商人提供了发展的契机。山西铁矿资源丰富，炊用铁器和农用铁器更是明清时代民间生活生产必需物品，这就形成了通过省内外商人运销铁制品的较大市场，也为山西商人队伍的壮大发挥了较大的促进作用。

第二，山西地处中原内陆与北方游牧民族地区接壤的要冲，这是晋商兴起的有利地理条件。山西地处内陆，农耕纺织为主，一方面随着生产的发展，对北方游牧民族的皮货、马匹和耕牛等具有较大需求；另一方面，北方游牧民族对内地的日用百货具有较大需求，这在客观上也需要有一批商人运销贸易、互通有无。而北方游牧民族地区，商品经济很不发达，在嘉庆、道光年间，蒙古全境才通行银两货币，这也为山西商人带来了绝好的商机。

第三，山西紧邻北方边关要镇，边镇大量驻军、边镇市场的形成，也为晋商的兴起创造了机会。明清晋商的兴起，既有"天赐良机"的机遇，也有"得天独厚"的地利，同时也是晋人克服晋南"人稠土狭"、晋北"土瘠天寒"的劣势，发挥勤劳诚信、聪慧擅贾之优势的结果。新晋商的崛起，同样要选择一种顺应"物竞天择"规律的生态位。

### 二、晋商壮大的原因

晋商壮大的原因是六缘和合，集群发展。生物种群（population）是在同一时期内占有一定空间的同种生物个体的集合。动物集群活动注重相互依赖，协同发展，并且有分工协作，由领导掌控协调群落关系，如狼群有狼王、猴群有猴王、蚁群有蚁王等。但集群规模也要适度，否则会因抢夺生存资源而自相残杀。植物种植集群也有一定的好处，如可以互送花粉，但密度太大也会因争夺养分而两败俱伤，这种生态效应同样存在于社会经济系统之中。企业集群是指在一定的时间与空间范围内，同类型企业构成的集合。在一定的生态环境下，相互关联，形态和功能特征各异的各种企业构成企业群落。独木难成林，独店难成市，做生意不怕扎堆，要抱团，这其实就是社会经济活动中的企业群落效应。当然，这种企业集群一般也需要有力的组织与规划，否则，可能会出现恶性竞争、集体遭殃。明清之际，晋商队伍发展壮大，并且打造了"晋商"这个驰名海内外的区域性品牌，一个重要的原因就在于形成了一个成龙配套、相互协作、合作竞争、良性运行的企业集群生态系统。

企业集群绝非简单地将众多无关联企业搁置在同一个地理空间范围内的经济开发区建设，这是因为企业和生物一样，都是向资源最丰富的地区聚集，企业聚集，不仅要分享已有的资源，还要创造共同发展所需要的资源，共生共享，这正是当今企业集聚发展的根本原因。"政策宽则商有利，人皆悦之"；"政策严则搜刮必甚，人多避之"。根据黄鉴晖先生的《明清山西商人研究》，康乾盛世的130年中，当时政府为发展国内贸易提供了一个和平、公正的竞争环境，如关税刊刻木板树立关口，便民纳税，便民监督，为商户长途贩运货物铺设了通畅的道路，严格限制牙帖，杜绝牙行苛索，便民交易。肩挑小贸不纳税，裁革乡镇市级落地税，给小商贩以优惠。新晋商的崛起也要借鉴明清晋商集群发展的经验，学习国内外区域经济建设中的成功经验，建设具有吸引力的区域生态环境，规划晋商集群发展的模式，形成山西省良性运行的企业生态系统，从而逐步形成新晋商协同作战的军团。

### 三、晋商衰败的原因

晋商衰败的原因：因循守旧，和合失衡。山西商人分布在本省百余县，明代大商人家族多集中在山西南部地区，如蒲州张氏、王氏；从清代开始，山西南部大商人家族衰落，代之而起的是山西中部大商人家族，大多在晋中的祁县、太谷、平遥、介休、榆次等县。清末民初，晋中各大商人家族，逐步衰败。晋商衰败的原因既有国势衰微、政府腐败、内乱外患的天灾，也有墨守成规、思想保守的人祸；既有社会变革、政权更迭、体制转换的天命，也有因循守旧、故步自封的人算。

根据企业生态学理论，企业、企业集群是有寿命的，有的寿命长达几百年，有的转瞬即亡，这是社会经济结构新陈代谢的需要，也是企业适应环境，自我调整与适应的过程。自适应能力强则能绝处逢生、柳暗花明、梅开二度，自适应能力弱就可能功亏一篑，从局部破损发展到全局崩溃。

从生态学的角度分析，生态环境改变后，企业就应该随之调整自己的生态位。如天气转冷后的春燕南飞、蛇蛰蛙伏、季节轮回中的化蛹为蝶等。明清晋商衰败的原因便是随着社会变革，企业生态环境发生较大改变后，晋商没有随时调整自己的生态位的结果。晋商生态位调整的滞后与无效，表现在清代末期社会变革造成的整体性衰败。

社会经济系统与生物界有许多相似的地方。在生存竞争中，一部分企业破产倒闭或被兼并，另一部分企业则在竞争中脱颖而出，逐渐壮大起来。晋商重新崛起需要研究的不是具体的某一成功模式，而是这种竞争模式在什么条件下获得了成功，以及在不同条件下会导致什么样的结果；需要研究的是同一条件下，那些倒下去的企业因何而倒，飞起来的企业因何而飞，自己在特定的生态环境下，如何才能化蛹为蝶、破茧而出。

明清晋商的衰败、新世纪新晋商的崛起是一个晋商集群适时进化的过程。它是一个在适应外部环境变化和进行内部调整中与时俱进、不断扬弃发展的过程。因此，既要传承明清晋商的优良经营传统，弘扬明清晋商文化的优秀成分，也要不断创新与扬弃，适应21世纪网络经济新环境，谋求新晋商独特的生态位，实现春风吹又生的生态效果。

### 四、新晋商崛起的基础

就像DNA是所有生物遗传的物质基础一样，新晋商崛起的基础是和合创新，破蛹为蝶。

企业作为一种经济组织，与生物一样，也有自己的遗传基因，这个基因决定了企业基本稳定的形态和特征，也决定了企业衍生和品牌延伸的可能。企业 DNA 最早由美国密歇根大学商学院教授诺尔·提区（Noel Tichy）提出，根据提区教授的理论，企业的基因密码有两个主要的构成要素：第一是决策架构，即哪些决策会被制定，这些决策如何制定。第二是社交架构，即人们如何相处，如何彼此倾听、支持与尊重，以及如何处理冲突等。晋商的决策架构主要是经理负责制，一旦选定人选，便委以全权，不干预一切经营活动，日常盈亏平时也不过问，让其大胆经营，静候年终决算报告，但同时有建议权。大伙计对小事可便宜行事。晋商的社交架构可以概括为：订立号规，规范行为；等级划分，长幼有序。晋商号规极严，无论经理、伙计、学徒，均需遵守。其内容包括总号与分号之间的关系、业务经营规则、工作纪律要求等方面。晋商在处理财东（投资者）与掌柜、伙计（出力者）的关系上创立了人身顶股制度，这是一项协调劳资关系、调动员工工作积极性的有效制度。

晋商之所以能够形成一个庞大的贴着地方性标签的商号群体，具体某一商号之所以能够在全国各地广设分号，有效控制、成功运营，就是靠商号间普遍实行的这种有代表性的企业决策与社交架构，即提区教授所说的企业遗传基因。当然这种制度也是有缺陷的，新晋商的崛起需要在此基础上进行有效的制度创新。

在上述两个企业有形的基因密码中，所蕴含的是和合文化信仰熏陶下所产生的晋商文化这个无形的企业 DNA。正如张正明先生在其《晋商兴衰史》一书中所概括的：晋人勤俭、礼让、诚信的民风是晋商兴起的人文因素。晋商文化具体体现在晋商的经营理念、经营作风、经营精神、价值观、义利观、经营谋略、心智素养、商业觉悟等诸多方面。但这种基因密码一般难以分解量化，难以在短时间内模仿复制，要靠千百万晋人耳濡目染代代传承。

## 第六节　晋商和合管理智慧的现代应用

南京大学陈传明教授认为，研究传统文化对现代管理的启示，重点要分析现代人行为中体现的文化传统，重点分析融入我们血液中的那部分文化传统，重点研究传统文化传承至今的鲜活部分。而不是通过在历史文献中寻找有现代意义的思想去培训并影响现代人的行为。研究当代成功企业家、优秀企业家——新晋商经营行为所体现出来的鲜活的传统文化的优秀元素，挖掘并弘扬，其作用更为契合当代企业经营实际和情境，其意义也更为深远。为此，以下探析新晋商经营实践中所体现的和合经营理念与思想，以求抛砖引玉，促进和合经营智慧得以弘扬。

### 一、践行和衷共济的和合经营哲学

倡导践行和合经营哲学体现在企业经营的方方面面。近年来，许多企业把"和合"一词设计为企业商标或品牌名称，不少企业把和合经营哲学奉为经营宗旨，反映出和合管理智慧已深入人心并被广大企业所推崇接受。例如，上海市各地在沪企业（商会）联合会委员会发布了《关于2018年度异地商会党建工作考核情况的通报》，有八家商会被评为优秀异地商会，上海长治商会名列其中。"和合、包容、创新、奉献"八个字是上海长治商会所倡导的经营理念，"助学、助商、助健康"是其办会宗旨。2018年12月30日，河北省山东商会成立十周年庆典在石家庄隆重举行，其主题即"大道儒商和合发展"。中国国际茶文化研究会原会长周国富认为，发展山西药茶要做到"六元和合"，即茶相适、水相合、器相宜、泡相和、境相融、人相通。

## 二、实施和合共达的组织管理制度

晋商顶身股、合伙制、合股制、联号制、人本管理等组织管理制度中都蕴含着丰富的和合管理智慧，这些和合管理制度，或可说是当时晋商得以兴盛的"基因密码"。例如，晋商顶身股制度不仅具有西方激励理论"双因素理论"的特点，同时也凝聚了现代人力资本管理精髓，对当代企业建立有效的激励机制，发挥企业人力资本的效能，激励人力资本投资，实现企业与员工共赢具有重要作用。为此，当代企业可深入挖掘晋商组织管理制度中所蕴含的和合管理智慧，通过制度创新、制度设计，有效提高组织管理效能与效益。

以华为、阿里巴巴、碧桂园、旭辉地产、海尔、韩都衣舍、爱尔眼科为代表的著名企业纷纷导入"利益共享"为核心的合伙人制度。越来越多中小型企业也纷纷导入合伙人管理模式，培养核心人才，与公司形成利益、事业、命运共同体，便是实施和合共达组织管理制度的有益尝试。

## 三、构建和合共生的社会责任体系

晋商之所以成为我国明清时期国内最活跃、势力最大的商帮，分析其内在原因，主要是有意识或潜意识地构建了一个良性运行的和合运营生态系统。在晋商的和合管理智慧中，诚信合作、以人为本、以义制利无疑是其履行企业社会责任的核心要义。当代企业在发展壮大的同时，应弘扬晋商精神，积极履行经济责任、法律责任、环境责任和扶贫及公益慈善等责任，注重企业与经济、社会、环境的协调发展，自觉将企业目标与国家、社会、地方经济发展融合在一起，创造社会财富、推动经济发展，践行绿色发展理念、自觉节能降耗减排，关心善待员工、构建和谐企业，热心公益慈善、担当社会责任，在新时代发展理念引领下，优化企业社会责任实践路径，构建促使企业实现高质量可持续发展的社会责任体系。

### 四、制定和合共处的行业规范与标准

传统经济活动中，维系垄断的方法是掌握一大批"Know How"的专利，给通行的渠道设置一些别人无法跨越的障碍。但是，在 21 世纪网络经济时代，除了共融与共享，没有人可以垄断。显然，没有和合的胸怀与和合的意识，共融与共享便无法开展。具有和合智慧的企业家，面对企业系统内或系统间的竞争与冲突，往往会致力于导向融突而和合，使企业生态系统内各企业从竞争走向竞合，从竞合走向和合，实现动态的和荣和富。

没有规矩难以成方圆，无论是个人、企业、地区层面，还是国家、世界层面的命运共同体构建与治理，都需要制定相应的规则、协议或道德主张，只有在这些规则和协议的规范约束下，才能确保命运共同体有序运行，实现预期目标。这就需要各个和合主体，心存敬畏心与规矩意识，遵守约定的游戏规则，诚信合作、求同存异、顾全大局，以命运共同体利益为导向，以实现和合共赢的目标。

如同明清晋商牵头制定行业规范一样，一批新晋商也积极参与行业标准制定，规范行业秩序，引领行业趋势，推动行业发展。例如，沁新集团参与国家及山西省的行业标准制定，主持制定的一项国家标准、二项行业标准和参与制定的一项国家标准均获批并正式发布实施。长治高科华烨集团检测中心通过国家认可委员会认证，成为国家半导体照明技术标准工作组成员单位。

晋商行会的作用一方面在于加强商号之间的沟通和贸易往来，另一方面也可以加强对掌柜的规范、约束和惩戒。如掌柜有违背商号规章的

行为，可能会被山西整个行业商号除名，其代价之大可想而知。现代企业运营过程中，可以借助商会力量，加强信用建设，将企业管理人员纳入信用评估体系，对于守信者予以物质和精神奖励，对于失信者实施有效约束和惩戒，营造良好的营商环境。

### 五、构建和合共立的供应链责任体系

张继焦、侯达认为：从晋商的角度来看，明清时期中国的市场体系并非如施坚雅所言，机械地分成九个区域、各个区域之间相对分隔、它们之间只有比较脆弱的联系；其实，那个时候在晋商的不断努力经营下，中国国内已经建立起了一个跨区域的全国性市场体系。从明朝（1368年）到清朝（1912年），晋商在全国建立起来的市场体系经历了由"点"到"线"再到"面"的发展过程。在这个发展过程中，晋商逐渐建立起了一个以山西为核心，以"点"（会馆与票号）分布于全国九大区域，以"线"（晋商商路）连接全国九大区域的全国市场体系。这一全国性市场体系的建立，正是晋商能够屹立于明清商界五百年而不倒的重要原因。[1]明清晋商实现全国性市场体系的建立，显性技术层面的原因是遍及全国的会馆、票号、商路网络的布局，隐性的秘诀则是特定历史条件下和合管理智慧的践行。

因此，站在企业生产经营生态系统良性发展与运行的角度考虑问题、把利害相关者视为企业生存发展命运共同体的态度与观念，就是一种典型的和合经营哲学和精神。加强诚信建设、构建供应链责任体系是实现合作共赢的重要途径。新晋商应通过资源共享、技术支持、项目对

---

[1] 张继焦，侯达.晋商及其所建立的全国市场体系：超越施坚雅的"区域市场观"[J].青海民族研究，2021，（1）.

接等方式与供应链企业建立和合共赢、合作发展、共同成长的机制，带动供应链上的每一个企业得到持续改进和提升。

### 六、构建和合兼爱的公益慈善体系

墨子的兼爱思想是中国传统文化思想的重要组成部分。兼爱思想是墨家学派的思想精华，体现了一种平等之爱、公利之爱、互利之爱以及整体之爱，并通过广义维度的"非攻"等思想来实施兼爱，[1]对当代社会的发展有积极的启示意义。所以要传承和发扬墨子兼爱思想，借鉴兼爱思想在企业微观层面构建人类命运共同体，体现兼爱思想的时代价值。

山西省民营企业家积极参与省工商业联合会牵头组织实施的"千企帮千村——精准到户"扶贫行动，在产业扶贫、就业帮扶、技能帮扶等方面积极承担社会责任，做出了积极的贡献。民营企业积极参与"千企帮千村"产业扶贫项目观摩、光彩事业"中阳行""太行行"活动，观摩产业扶贫典型。民营企业慈善捐赠的重点领域是扶贫济困和捐资助教，比如大运九州集团2016年捐资1.2亿元建设了大运幼儿园、大运小学、大运初中。振东健康产业集团专设扶贫办，设立了"扶贫济困日""冬助日""敬老日"及"仁爱天使基金"，连续十几年开展各类公益捐赠。显然，这是一种典型的美美与共、和合共处的命运共同体意识。

新晋商要注重和合企业文化建设，把社会责任看得重一些，回报社会，反哺大众，树立起良好的富有爱心的企业家形象。

---

[1]陈倩.人类命运共同体视域下墨子兼爱思想研究［D］.哈尔滨：黑龙江大学，2020.

# 第十二章
## 实施和合管理的意义

人类创造了一个全球一体化的人工环境，却还没有创造出与之相适应的文化价值和社会秩序。用派克的人文区位理论来解释，那就是人类的科技手段已经改变了地球上的物质结构和生物结构，但附着于这之上的社会层、文化层，还是四分五裂的碎片。人类的全球共生条件已经形成，但人类的全球共识远未达成。人类社会如何走向美美与共？这便是费孝通之问，也是现代管理必须正视的问题。解决这一问题的秘诀，便是和合管理。

# 第十二章　实施和合管理的意义

## 第一节　适应"乌卡时代"的要求

"乌卡"[1]一词源自 20 世纪 80 年代沃伦·本尼斯（Warren Bennis）和伯特·纳努斯（Burt Nanus）的领导理论，后被美国陆军战争学院引入。宝洁公司首席运营官罗伯特·麦克唐纳（Robert McDonald）借用这个军事术语来描述 21 世纪网络经济时代的商业环境："这是一个 VUCA 的世界"。因此，当下企业运营环境比较显著的特点主要有四个方面，如图 12-1 所示。

图 12-1　乌卡（VUCA）时代图示

### 一、以和合管理应对易变性

易变性是指，21 世纪以来，企业运营环境新旧更迭交替迅速加快，各个子系统之间频繁波动，而且无征兆、难追溯。在日新月异、层出不穷的新技术驱动下，与之相应，一些既定的商业秩序、业务逻辑、用户行为等商业环境的不稳定性也大大增加，时刻都有可能发生变化，也就是人们常说的"唯一不变的就是变"。企业不变只能是死路一条，但做出相应变化的难度也大大提高，难以轻易逃脱"不变是等死，变是找

---

[1] 乌卡（VUCA），是 Volatile、Uncertain、Complex、Ambiguous 四个单词的缩写，分别是易变、不确定、复杂和模糊的意思。

死"的魔咒。唯有通过和合管理，构建迅捷反应系统与机制，才能动态应对瞬息万变、千变万化、日新月异的运营环境。

**二、以和合管理适应不确定性**

不确定性是指企业运营环境变化的走向难以确定，也就是人们常说的"外部环境的不确定性是可以确定的"。影响企业管理决策的不确定性的因素有很多，包括组织机构、人员、产品、业务流程、信息系统等诸多企业内部因素，也包括竞争环境、政治环境、法律环境、经济环境等众多外部环境因素。

"疯狗浪"事件是极难被预测到的突如其来的剧变导致的复合型危机。在地理学上，当海底地形或横流将海浪集中引向一个狭窄的缝隙，或不同方向的小波浪汇聚在一起，突然撞上礁石或峭壁，就会在几秒内掀起高达几十甚至近百英尺的水墙。这种突如其来的巨浪被科学家们形象地称作"疯狗浪"（rogue waves）。

除此之外，小概率、难预测的突发风险——"黑天鹅"事件也猝不及防，让企业商业环境变得更加不确定。"黑天鹅"事件是说，欧洲人在发现澳洲之前，一直都认为天鹅全都是白色的。然而，在到了澳洲之后，他们竟然发现了黑色羽毛的天鹅，就是这一只黑天鹅，让欧洲人上千年深信不疑的结论彻底被推翻：原来天鹅不仅有白色的，还有黑色的！后来，美国著名投资人塔勒布便使用"黑天鹅"事件特指罕见的、无法预测的、出乎意料的高风险事件，一旦发生就会变成足以颠覆以往任何经验的重大事件。

商业社会的不确定性越来越高，对企业的持续创新能力也提出了更高的要求。通过和合管理之灵活组合产生的创新，便可以随机制宜地应对不确定性所带来的新情况、新问题。

## 三、以和合管理解析复杂性

复杂性是指在易变性、不确定性的影响下，企业运营环境越来越复杂，具体表现在事件互相之间的影响、行为的成因更为广泛，甚至是跨界的。"黑天鹅"事件又常常会引发"多米诺骨牌连锁效应"，导致"蝴蝶效应"产生。从企业数字化的角度来看，复杂性又可分为业务复杂性和技术复杂性。业务复杂性是指业务环境的各种因素之间不是孤立存在的，而是相互影响和干扰的，每件事情的变化都会影响到另外一些事情，使得企业业务变得更加复杂。技术复杂性是说，数字化系统不仅需要考虑功能的易用性与适用性，还需要考虑性能方面的稳定性、可靠性与扩展性等。

和合管理的功能和优势是能够有效化解矛盾与冲突，特别是通过自组织功能，自动化解问题与冲突，将复杂的问题简单化。

## 四、以和合管理具象模糊性

模糊性表示逻辑关系并不明确，在数字技术的推动下，从物理世界到数字世界，事物之间的边界越来越模糊。简单环境的基本特征是事物之间的关系是常态的、连续的、线性的、可确定的。而复杂环境的特征是事物之间的关系易变、不确定、非线性、不连续、非次序化，乃至于很多时候可能没有办法找到它们的因果关系。

通过和合管理融汇各方力量，有效调动众多子系统综合应用人工智能、大数据、数据分析、数字画像等技术，以有效解析模糊性关系，将抽象的问题具象化，将模糊的问题清晰化，可大大提高管理的效能。

## 第二节 适应网络经济发展的要求

网络经济就是建立在网络基础上并由此所产生的一切经济活动的总和。根据美国国际数据公司的定义，网络经济是指为应用互联网技术进行投资及通过互联网销售产品和服务而获得收入，包括技术开发、营销、内容设计、专业服务及教育和培养等。可以看出，网络经济并不仅指以计算机网络为中心的一个新行业，还包括由这个新行业派生出来的若干相关行业。但从本质上看，网络经济是一种以信息技术为基础，知识要素为主要驱动因素，网络为基本工具的新的生产方式。

网络经济起源于传统经济，并以传统经济为依托，以往经济学揭示与总结的一些基本经济规律、原理依然存在，但网络经济与传统经济相比也有许多不同的特点。这些特点对企业运营管理从经营理念到战略与策略都会产生极大的影响，概括而言，主要有以下几个方面。

### 一、安居乐业地球村

地球村（Global Village）是加拿大传播学家马歇尔·麦克卢汉于1967年在他的《理解媒介：论人的延伸》一书中首次提出的，是对地球的一种比喻说法。现代科技迅速发展，随着广播、电视、互联网和其他数字媒介的出现，以及各种现代交通方式的飞速发展，人与人之间的时空距离骤然缩短，国际交往日益频繁便利，因而整个地球就如同茫茫宇宙中的一个小村落。

网络经济打破了时间和空间的限制，将世界变成了一个地球村，大大加快了全球一体化的进程，各国的经济依存度增强了。同时，企业一上网，就可以面对全球用户，产品通过互联网可以轻而易举地"走向世界"。封闭的经济体制在网络时代注定是无法生存的。网络经济是一种完全开放的经济，全球经济贸易往来的广度与深度也将因此而拓展。

身居地球村，虽然趋势是走向"大同"，但在很长时间内，人们需要面对语言文字、风俗习惯、宗教信仰、价值观念、受教育程度、经济发展水平、社会文化等诸多方面的差异，要在地球村共处，就需要选择"和合"。

## 二、尽享正反馈机制红利

传统经济模型认为，一种商品需求增加，价格因之上涨；价格上涨，供给因之增加，需求因之减少；需求减少，价格因之降低。反之则相反。这种现象用控制论术语概括就叫"负反馈机制"。但是，在网络经济的一些领域，商品价格下降，需求因之增加；需求增加，供给成本会因之而降低；供给价格进一步降低，需求则因之而创造。这种因需求方规模经济效应产生的供给方低成本、低价格，进而形成高需求、低价格的现象用控制论术语概括就叫"正反馈机制"。由于网络经济具有正反馈机制，所以网络参与者越多、覆盖面越大，网络的价值就越高。例如，电信服务市场就是一种典型的正反馈市场。

网络经济的价值同网络节点数的平方成正比，也就是说，N个用户连接可创造出 N×N 的效益，这说明网络产生和带来的效益将随着网络用户的增加而呈现指数级增长，这便是梅特卡夫定律（Metcalfe's Law），也正是凯文·凯利所说的"传真效应"，即"在网络经济中，东西越充足，价值就越大"。在一个网状社会，一个"个人"跟一个"企业"的价值，是由连接点的广度和厚度决定的。你的连接越广、越厚，你的价值越大，这也是纯信息社会的基本特征，你的信息含量决定你的价值。所以开放变成一种生存的必须，你不开放，就没有办法去获得更多的连接。要开放且建立更多的连接，只有求同存异"和合与共"。

### 三、适应冒尖市场竞争

在某些领域，正反馈效应表现为：拥有更大的市场份额就会得到更快速的发展；同样，若市场占有率比较小，则会加速下滑。正反馈有利于大网络，不利于小网络，即所谓的强者越强，弱者越弱的"马太效应"。正反馈使强者更强，同时使弱者更弱，所以当两个或更多的公司争夺正反馈效应很大的市场时，有时会产生一种极端的结果，即只有一家公司可以出头，其余的竞争对手要么退出，要么被边缘化，最后形成一种自然垄断。经济学家称这种市场为冒尖（tippy）市场，一般的媒体则称之为赢家通吃，输家通盘。微软公司的发展就是一个由正反馈走向冒尖市场的例子。企业面对这一变化，要么通过和合管理、和合营销，争取冒尖市场地位，要么通过和合管理组建联合舰队，共同抵御冒尖市场的压力。

### 四、面对快鱼吃慢鱼挑战

由于冒尖市场原理，不断地追求垄断力量就成了网络经济的主要动力。一个企业要想打破其他企业已经形成的垄断，往往难以依靠传统的规模经济，而是必须进行新的创新，即在网络经济条件下，由创新获得的垄断必须依靠更新的创新才能予以击破。网络经济时代，产品的生命周期大幅缩短，产品的更新换代速度越来越快。因而，企业为追求市场垄断，就必须在创新的速度上展开激烈的竞争。和合管理是创造新价值的最经济、最有效的途径。

## 第三节 适应智能革命的要求

何星亮认为,"智能革命"是以扩展和延伸人类智力、减轻人的脑力劳动为主要目的的技术革命。与"智能革命"相适应的时代称为"智能时代",与之相适应的社会称为"智能社会",与之相适应的文明或文化称之为"智能文明"或"智能文化"。[1]在智能时代或智能社会,面对人类社会的各种危机与冲突,企业化解内忧外患的最佳路径是充分运用和合智慧,科学处理竞争和合作的关系、利己和利他的关系,排除弱肉强食,避免零和竞争或两败俱伤的竞争,反对只求利己不利他人的动物式的竞争,弘扬中国古代的"仁爱""兼爱"思想,增强包容性,弱化排他性,构建天下为公、协和万邦、同舟共济、合作共赢的太平世界。

## 第四节 应对职场新情境的要求

根据张良驯、范策[2]的研究成果,"00后"指的是出生于2000年1月1日至2009年12月31日之间的青年人,2022年是"00后"大学生就业元年,随着"00后"开启个人的职业生涯,出现了"00后整顿职场"现象。"00后整顿职场"来源于网络,是指"00后"不满足于职场现状而试图规范职场秩序、矫正职场陈规的行为。作风张扬、雷厉风行、反向背调、拒绝团建、准点下班、仲裁公司……这些看上去叛逆的

---

[1] 何星亮.智能革命与文明变迁——人类学的视角[J].中南民族大学学报(人文社会科学版),2019,(4).

[2] 张良驯,范策."00后整顿职场"现象:特征、缘由和对策[J].青年探索,2023,(2).

行为被称为"00后整顿职场"。"00后整顿职场"现象，无论是语言上还是行为上都具有不同以往的特征，这些语言表现和行为表达反映出这些青年人"整顿职场"的潜在意图。

"00后整顿职场"的语言表现包括两种：一是渴望平等的职场环境，拒绝"职场PUA"（指某人尝试从精神上控制另一个人，对另一个人进行语言和行为上的打击，让对方失去信心，从而对自己言听计从、说一不二，进而对另一个人实现完全或半完全的精神控制），拒绝指责式的批评；二是反感"职场画大饼"，即反对在职场目标规划设计的过程中，上级管理者对下级员工许下不切实际的诺言，再用花言巧语使之相信并为其服务，最后却难以兑现，只能对员工语言搪塞或否认诺言。

"00后整顿职场"的行为表现在求职、在职和辞职三个阶段，其本质都是在宣示自己的利益诉求，表现出彰显自我、强调个性、注重学习，权利主体意识、义务意识、契约意识、证据意识、诚信意识增强等特征。

如何应对"00后整顿职场"这一新情境？规划实施和合管理是一种有效的途径。

首先，实施和合管理是应对"整顿职场"的必然要求。和合管理从理念到行动注重对多元文化、多样主体的尊重，具有极宽阔的包容性。因此，面对"00后整顿职场"这一职场情境新变化，和合管理可以从制度安排、工作场所、工作环境、工作方式等方面进行有针对性的设计，不同而和、友好合作，寻求最大公约数，追求最大和合效益。

其次，"整顿职场"是和合管理的规律性表现。"00后整顿职场"的行为，一方面对于规范职场、促使企业规范并健全管理体制有着积极的促进作用，另一方面对于"00后被职场整顿"提升自己的素质与能力，提高岗位适应性也是有积极作用的。企业与员工各自调整自己的行为，达成新的和合均衡，这也是和合管理的规律性表现。

最后，"整顿职场"有利于实现更优质的和合均衡。和合管理的目的是和合共生，实现和谐、合作、共赢。但在实现这一目标的过程中，并非全过程、全环节、完全彻底的一团和气，这是因为，和合的方式多种多样，批评、反驳、质疑，甚至对抗、否定也是和合的一种方式，对抗、否定有利于打破原有的和合均衡，促使和合各方革新创新与改良进步，实现更进一步的均衡。

## 第五节　达成人类共识的要求

和合是中国传统文化的核心内容，这一处世哲学有望成为全人类的共识，并体现于行动中。

国外著名哲学家罗素有句名言"须知参差不齐，才是幸福的本源"[1]，意即接受多样性、承认差异性，尊重每个人的天性，并珍视它、发展它，这才是幸福的本源。

柏拉图在其《理想国》中将城邦公民划分为三个阶层，即生产者、护卫者和统治者，他们"每一个人不能单靠自己达到自足"[2]，人们必须作为伙伴和助手相互协作。同时，城邦需要规定一个总的原则，即正义的原则，这就是"每个人必须在国家里执行一种最适合他天性的职务"，只要"商人、辅助者和卫士在国家中都做他自己的事，各发挥其

---

[1] 罗素. 西方哲学史[M]. 何兆武，译. 北京：商务印书馆，1963.
[2] 柏拉图. 理想国[M]. 郭斌和，张竹明，译. 北京：商务印书馆，1986.

特定的功能，那么这就是正义，就能使整个城邦正义"[1]，从而促进公共善的实现。如果某个天生的生产者因具有财富等因素，企图充当统治者，或者一个人同时执行他人的职务，会给城邦带来危害，进而产生不正义的城邦。[2]

西安欧亚学院创办人胡建波在2024年博士毕业致辞时分享了一则故事：苏格拉底与朋友对"什么是正义"争执不下，原因是朋友们认为人不可能管住自己的欲望，欲望远比正义真实、有力。因此，正义只能是强者、弱者相互斗争时的工具和谎言。苏格拉底见无法说服他们，就选择带领朋友们展开了一场精神巡游。苏格拉底先带着朋友们一路上行，参观了好城邦，见识到好的城邦就是"各司其职"的有秩序的城邦。随后，又一路下行，见识好城邦如何变成坏城邦。坏城邦就是失序的城邦，是利爪戳瞎眼睛，欲望践踏理智的城邦。坏城邦的人意识不到灵魂除了欲望还有别的可能，他们相信城邦只有一种人，无论是强者还是弱者，都是被欲望驱动的人。如果城邦只有这一种人，那无所谓各司其职。旅途结束，苏格拉底和朋友们达成共识："各司其职"的前提是要承认城邦中人的"千姿百态"和"与众不同"。仅仅依照铁匠铺的秩序建造城邦，或者仅仅依照军营的原则建造城邦，那非但不是有序，反而是极端失序。城邦，是要容纳所有这些小秩序，在多元的小秩序中形成整全的秩序。[3]

2015年，习近平主席在第七十届联合国大会上讲话时指出："'大道之行也，天下为公。'和平、发展、公平、正义、民主、自由，是全

---

[1] 柏拉图. 柏拉图全集（国家篇）[M]. 王晓朝，译. 北京：人民出版社，2005.

[2] 郦平. 柏拉图政治理想之悖论及对现代管理之警示[J]. 贵州社会科学，2012，(11).

[3] 胡建波. 在旅途中兄弟相认——西安欧亚学院创办人胡建波博士2024年毕业致辞[EB/OL]. 中国教育在线，2024-06-22.

人类的共同价值，也是联合国的崇高目标。目标远未完成，我们仍需努力。当今世界，各国相互依存、休戚与共。我们要继承和弘扬联合国宪章的宗旨和原则，构建以合作共赢为核心的新型国际关系，打造人类命运共同体。"[1] 2022年10月16日，习近平总书记在党的二十大报告中提出："我们真诚呼吁，世界各国弘扬和平、发展、公平、正义、民主、自由的全人类共同价值，促进各国人民相知相亲，尊重世界文明多样性，以文明交流超越文明隔阂、文明互鉴超越文明冲突、文明共存超越文明优越，共同应对各种全球性挑战。"[2]，旨在超越地域、民族、肤色等差别，以人类共同利益为交汇点，凝聚不同文明的价值共识。

全人类共同价值以整体思维、系统观念，观照全人类的前途命运，直面当今国际关系中的矛盾问题，主张在求同存异、平等交流、相互借鉴的基础上形成价值最大公约数。在包容"不同"中寻求"共同"，在尊重"差异"中谋求"大同"，全人类共同价值体现了中华文明和衷共济、和合共生的一贯追求，反映了新时代中国对人类文明发展和前途命运的深刻思考，寄托着各国人民对美好生活的共同企盼。

中华文明讲仁爱、重民本、守诚信、崇正义、尚和合、求大同，注重天人合一、道法自然，强调仁者爱人、德育教化，倡导兼收并蓄、和而不同，蕴含着中华民族的文明特质，体现着世界文明体系的共同规范和普遍价值。[3]

2023年全国高考，山西、安徽、吉林、黑龙江、内蒙古、陕西、

---

[1] 习近平.习近平谈治国理政：第2卷[M].北京：外文出版社，2017.

[2] 习近平.高举中国特色社会主义伟大旗帜 为全面建设社会主义现代化国家而团结奋斗——在中国共产党第二十次全国代表大会上的报告（2022年10月16日）[M].北京：人民出版社，2022.

[3] 龙国贻.弘扬中华文明蕴含的全人类共同价值[N].人民日报，2022-07-19.

甘肃、青海、宁夏、新疆、江西、河南12省选用的乙卷两则作文材料如下：

  吹灭别人的灯，并不会让自己更加光明；阻挡别人的路，也不会让自己行得更远。
  "一花独放不是春，百花齐放春满园。"如果世界上只有一种花朵，就算这种花朵再美，那也是单调的。

  这两则材料蕴含的道理如果用两个字来概括，就是"和合"；用四个字来说，就是"和而不同"；用十六个字来说，就是"各美其美，美人之美，美美与共，天下大同"。
  总之，和合是中华文化的核心与精髓，也是人们追求美好幸福生活的必然途径，和合必将成为全人类携手创建命运共同体的共识。对于企业而言，实施和合管理是实现健康运营、高质量发展的必由之路。

## 主要参考文献

［1］ 王子今.《太平经》中的"和合"意识探讨［J］.中共中央党校学报，2009，（2）.

［2］ 姚炎祥."和·和合·和谐"之思考［M］// 秋爽，姚炎祥.第六届寒山寺文化论坛论文集（2012）.上海：上海三联书店，2012.

［3］ 迈克尔·波特.竞争战略［M］.陈小悦，译.北京：华夏出版社，2005.

［4］ 纪光欣，宋红燕.以中致和：管理的和合本质追问——基于传统和合思想的阐释［J］.领导科学，2021，（6）.

［5］ 切斯特·巴纳德.组织与管理［M］.曾琳，赵青，译.北京：中国人民大学出版社，2009.

［6］ 西蒙娜·德·波伏娃.越洋情书［M］.楼小燕，高凌瀚，译.北京：中国书籍出版社，1999.

［7］ 李永佳.管理的创新职能及企业的产品创新［J］.管理观察，2017，（7）.

［8］ 邓长江，吕清华.从"和合文化"看新时期中国外交策略［J］.电子科技大学学报（社科版），2006，（5）.

［9］ 张立文.和合学［M］.北京：中国人民大学出版社，2006.

［10］ 梁志文.和合管理新探［J］.中国公共卫生管理，2004，（5）.

［11］ 黄如金.和合管理［M］.北京：经济管理出版社，2006.

［12］ 王占玲，谈谦.人与组织匹配的研究［J］.电子科技大学学报（社科版），2007，（3）.

［13］ 陈新专."和合"思维与现代管理［J］.经济技术协作信息，2007，（24）.

［14］ 左亚文.中华和合思维与和谐文化建设［J］.中南民族大学学报（人文社会科学版），2007，（3）.

［15］ 黄静.和合思维与和谐社会构建［C］// 云南省思维科学学会.中国思维科学研究论文选2011年专辑.2012.

[16] 黎红雷.儒家管理哲学[M].广州：广东高等教育出版社，1998.

[17] 卢现祥.西方新制度经济学[M].北京：中国发展出版社，1996.

[18] 路易吉诺·布鲁尼，皮尔·路易吉·波尔塔.经济学与幸福[M].傅红春，文燕平，等译.上海：上海人民出版社，2007.

[19] 陈莞，倪德玲.最经典的管理思想[M].北京：经济科学出版社，2003.

[20] 爱德华·霍夫曼.做人的权利：马斯洛传[M].许金声，译.北京：改革出版社，1998.

[21] 杨文士，张雁.管理学原理[M].北京：中国人民大学出版社，1994.

[22] 海因茨·韦里克，哈罗德·孔茨.管理学全球化视角[M].11版.马春光，译.北京：经济科学出版社，2004.

[23] 黄如金.和合管理：探索具有中国特色的管理理论[J].管理学报，2007，（2）.

[24] 黄如金.和合管理的真谛：和气生财，合作制胜[J].管理学报，2007，（3）.

[25] 陈中浙.和谐社会的儒家哲学基础[J].哲学研究，2007，（5）.

[26] 张立文.和合学概论——21世纪文化战略的构想[M].北京：首都师范大学出版社，1996.

[27] 范赟.儒学和平思想研究[M].南京：南京出版社，2008.

[28] 武仁权.传统兵法对领导干部领导力提升的启示[J].领导科学，2020，（9）.

[29] 郑晓明，刘深琳.共情领导力——数字化时代智能组织管理的新挑战[J].清华管理评论，2020，（6）.

[30] 邵爱国，朱永新.中和思想的现代释义——儒家的管理智慧[J].商场现代化，2007，（1）.

[31] 孟欣.目标管理述评及其应用建议[J].企业改革与管理，2020，（11）.

[32] 王欣.基于中庸视角的当代企业管理[J].现代商贸工业，2020，（23）.

[33] 朱冬梅.儒家中庸思想及其现代意义[J].湖北社会科学，2012，（9）.

[34] 邵爱国，朱永新.中和思想的现代释义——儒家的管理智慧[J].商场现代化，2017（1）.

[35] 菲利普·科特勒.市场营销管理[M].郭国庆，等译.北京：中国人民大学出版社，1997.

[36] 曹文广. 做杰出的营销人[J]. 市场营销案例, 2008, (1).

[37] 章洁. 把典型人物放在共情传播视角下[J]. 传媒评论, 2020, (1).

[38] 刘夏怡. 领导者共情能力对适应性绩效影响机制研究[J]. 科技与经济, 2016, (10).

[39] 蔡方鹿. 中华和合文化研究及其时代意义[J]. 社会科学研究, 1997, (6).

[40] 刘云波. 中国早期现代化的五个阶段[N]. 光明日报, 2007-08-10.

[41] 熊金武. 理解历史上的企业家精神：基于中国经济史学研究的反思[J]. 中国经济史研究, 2017, (5).

[42] 汤亮. 中国企业家精神的三个重要特征[N]. 中华工商时报, 2017-10-10.

[43] 李智临. 企业家精神研究[D]. 沈阳：沈阳师范大学, 2017.

[44] 谢慧敏. 中国企业家精神的三代异同[J]. 经理人, 2017, (12).

[45] 申唯正, 魏南海. 从历史走向未来的儒商精神——首届中华儒商论坛会议综述[J]. 伦理学研究, 2017, (3).

[46] 汪丁丁. 企业家的精神[J]. 今日科技, 2002, (3).

[47] 汪岩桥. 关于企业家精神的思考[J]. 浙江社会科学, 2004, (3).

[48] 魏文斌. 创新、诚信和责任是企业家精神的三要素[J]. 中国市场监管研究, 2016, (9).

[49] 徐燕鲁. 传统文化、书院精神与企业家[J]. 企业管理, 2016, (2).

[50] 杨娇. 专访国际蒙代尔国际企业家大学董事长——吴姝[J]. 人力资源管理, 2008, (3).

[51] 丁栋虹. 什么是企业家精神[J]. 青年记者, 2011, (16).

[52] 刘鹏程, 李磊, 王小洁. 企业家精神的性别差异——基于创业动机视角的研究[J]. 管理世界, 2013, (8).

[53] 李玉彤. 中国企业家精神的现状及对策分析[J]. 中国市场, 2017, (35).

[54] 彼得·德鲁克. 创新与企业家精神[M]. 蔡文燕, 译. 北京：机械工业出版社, 2007.

[55] 周怡. 寒山拾得"笑"的造型及其文化内涵的嬗变[J]. 理论学刊, 2012, (4).

[56] 钱学烈.寒山子年代的再考证［J］.深圳大学学报（人文社会科学版），1998，（2）.

[57] 连晓鸣，周琦.试论寒山子的生活年代［J］.东南文化，1994，（2）.

[58] 朱彦民."和""合"溯源——从甲骨文看中华和合文化的早期源流［M］// 秋爽，姚炎祥.第七届寒山寺文化论坛论文集（2013）.上海：上海三联书店，2014.

[59] 张卫东.管理学视角下人的和合性研究［J］.电子科技大学学报·社科版，2009，（2）.

[60] 张卫东.试论基于和合文化中国式管理的双向激励［J］.太原大学学报，2011，（3）.

[61] 张卫东.一项不可或缺的管理职能——和合［J］.未来与发展，2008，（10）.

[62] 张卫东.和合文化与企业家和商精神［J］.中国文化与管理，2020，（1）.

[63] 张卫东.构建和谐社会的始点——树立人本和合观［J］.太原大学学报，2009，（2）.

[64] 张卫东，薛黎明.基于和合管理理论的企业社会网评价研究［J］.科技进步与对策，2009，（13）.

[65] 张卫东.21世纪营销范式的转变：从交易营销到和合营销［J］.太原大学学报，2010，（4）.

[66] 张卫东.基于和合文化的和合目标管理［J］.中国文化与管理，2021，（1）.

[67] 张卫东.企业营构和合文化的路径分析——弘扬寒山寺和合文化的现实意义［M］// 秋爽，姚炎祥.第二届寒山寺文化论坛论文集（2008）.上海：上海世纪出版股份有限公司，2009.

[68] 张卫东.试论吴文化浸润下苏州寒山寺和合文化的内涵［M］// 秋爽，姚炎祥.第六届寒山寺文化论坛论文集（2012）.上海：上海三联书店，2012.

[69] 张卫东.对联和合文化与和合文化对联刍议［M］// 秋爽，姚炎祥.第七届寒山寺文化论坛论文集（2013）.上海：上海三联书店，2013.

[70] 张卫东.和合文化经纬刍议［M］// 秋爽，姚炎祥.第八届寒山寺文化论坛论文集（2014）.上海：上海三联书店，2014.

[71] 张卫东,李常洪.合作营销运作机理模型化分析[J].科技和产业,2007,(9).

[72] 张卫东.人力资源会计鼻祖——晋商[J].会计之友,2003,(12).

[73] 张卫东.和合管理刍议.[J]宏德学刊,2015,(4).

[74] 张卫东.释放建设型企业家精神的理想路径:和合管理[J].现代商贸评论,2008,(12).

[75] 张卫东.晋商和合管理智慧及其现代应用:兼议晋商和合兼爱的社会责任担当[M]//曾向东,钟海连.中国传统智慧与企业社会责任.南京:东南大学出版社,2021.

[76] 范苑.晋商经营中的社会责任[J].经济师,2011,(6).

[77] 李思民.晋商责任意识的现代践行研究[D].太原:太原科技大学,2018.

[78] 刘蕊,张苏串.企业社会责任在中国的早期雏形——晋商社会责任早期实践的探讨[J].太原大学学报,2008,(3).

[79] 杨家栋.当代儒商社会责任的经济学解读[J].扬州大学学报,2008,(7).

[80] 李永福.晋商的社会价值与责任——以中国近现代历史的考查范围[J].太原理工大学学报(社会科学版),2008,(6).

[81] 陈倩.人类命运共同体视域下墨子兼爱思想研究[D].哈尔滨:黑龙江大学,2020.

[82] 陈秉公.论中华传统文化"和合"理念[J].社会科学研究,2019,(1).

[83] 李岩鹏.明清山陕商人的组织合作与制度选择[D].太原:山西财经大学,2020.

[84] 朱礼龙.网络组织外部正效应问题及其治理——基于和合管理视角的分析[J].经济管理,2007,(22).

[85] 李响.晋商管理哲学与现代科技管理[D].北京:北京交通大学,2011.

[86] 张立文."和合学"与企业成功之道——企业和合文化的新时代价值[J].杭州师范大学学报(社会科学版),2018,(3).

[87] 柏拉图.柏拉图全集(国家篇)[M].王晓朝,译.北京:人民出版社,2005.

[88] 郦平.柏拉图政治理想之悖论及对现代管理之警示[J].贵州社会科学,2012,(11).

[89] 梁建委. 习近平人类共同价值观的哲学基础 [J]. 哈尔滨师范大学社会科学学报, 2023, (6).

[90] 刘晓. 操守严谨、心系天下的许衡 [J]. 秘书工作, 2024, (2).

[91] 席酉民, 刘鹏. 和谐管理理论及其应用 [J]. 前线, 2022, (9).

[92] 张卫东. 和合文化在晋地流传刍议 [M] // 秋爽, 姚炎祥. 第十届寒山寺文化论坛论文集 (2016). 上海: 上海三联书店, 2016.

[93] 张卫东. 和合是互联网思维的重要内容 [M] // 秋爽, 姚炎祥. 第十届寒山寺文化论坛论文集 (2016). 上海: 上海三联书店, 2016.